CHAD BIRD

VIAJAR A DEDO CON LOS
PROFETAS

UN RECORRIDO POR
LA HISTORIA DE LA SALVACIÓN
DEL ANTIGUO TESTAMENTO

En este delicioso recorrido por el Antiguo Testamento, Chad Bird pone de manifiesto la belleza de la bondadosa guía divina de toda la historia humana que culmina en Jesucristo. Muestra cómo los principales acontecimientos y personajes del Antiguo Testamento revelan la desesperada necesidad de la humanidad y la maravillosa provisión de Dios para la redención de los pecadores, basada únicamente en la misericordia divina. ¡Qué gozo leerlo, y qué bendición para la Iglesia!

Dane Ortlund, Autor de *Manso y humilde: El corazón de Cristo para los pecadores y heridos*

En este viaje a través de algunos de los principales episodios del relato del Antiguo Testamento, Chad Bird es el guía más fiable y fascinante. A cada paso, ilumina los aspectos tanto extraordinarios como corrientes de las narraciones dando una aguda mirada a su importancia cristológica. ¡Es un placer leer *Viajar a dedo con profetas*! Al final, el lector no solo comprenderá los personajes y acontecimientos clave, sino que tendrá una fe segura en el Dios cuyas promesas ciertas superan el pecado de su pueblo demasiado humano.

Todd Brewer, Director editorial, Mockingbird Ministries

Es fácil sentirse perdido en las páginas del Antiguo Testamento. La historia, la cultura, el idioma, la geografía, la política y las leyes son un desafío desconcertante para el lector moderno. Lo que uno necesita es un mapa que lo ayude a recorrer el terreno. Ese mapa es *Viajar a dedo con profetas: Un recorrido por la historia de la Salvación del Antiguo Testamento*. En este libro, Chad Bird te guiará a través del Antiguo Testamento señalándote los personajes y las ideas teológicas clave en el desarrollo del plan redentor de Dios. La comprensión que Chad tiene del argumento de las Escrituras hace de su libro un mapa que vale la pena tener a la mano mientras se viaja por las páginas de la Biblia. *Viajar a dedo con profetas* es una guía excelente para el nuevo explorador —o aun el no tan nuevo— del Antiguo Testamento.

Dr. Chris Hulshof, Profesor Adjunto de Biblia y Teología Rawlings School of Divinity , Liberty University

Este libro es algo mejor que una guía del universo para viajeros a dedo. Es una celebración llena de gracia y sazonada con sal de la primera parte del mejor libro del mundo. Aquí encontrarás el sentido de la vida, del universo, y de todo, si dejas que Chad Bird te recoja y te lleve a casa con Jesús.

James M. Hamilton Jr., Profesor de Teología Bíblica
The Southern Baptist Theological Seminary

La gente viaja todo el tiempo para ver lugares increíbles. Leer un libro puede ser como realizar un viaje. Deberías abrir *Viajar a dedo con profetas* y dar un paseo por la historia de la salvación del Antiguo Testamento. Con una prosa ágil y comprensible, Chad Bird te guía a través de las maravillas, tragedias y altibajos de lo que ocurre en el Antiguo Testamento. Lo más significativo es que este viaje muestra la lealtad al pacto y la misericordia del único Dios verdadero que ha hecho el mundo y se ha comprometido a redimirlo mediante un Hijo Prometido.

Mitch Chase, Profesor Adjunto de Estudios Bíblicos
The Southern Baptist Theological Seminary

Viajar a dedo con profetas es un excelente ejemplo de la obra de Chad Bird. En primer lugar, destaca la naturaleza cristocéntrica del Antiguo Testamento. Bird subraya repetidamente cómo cada profecía, mediador e institución de Israel apunta hacia Cristo y el nuevo pacto. En segundo lugar, la obra muestra cómo la gracia es la fuerza motriz central del relato bíblico. En esencia, Bird ilustra cómo, a través de las generaciones, el pueblo de Dios es sostenido por la Palabra y los sacramentos pese a no ser más que un pequeño y ruinoso rebaño de pecadores.

Jack Kilcrease, Profesor Adjunto de Teología
Histórica y Sistemática
Christ School of Theology , Institute of Lutheran Theology

CHAD BIRD

VIAJAR A DEDO CON LOS
PROFETAS

UN RECORRIDO POR
LA HISTORIA DE LA SALVACIÓN
DEL ANTIGUO TESTAMENTO

Viajar a dedo con los profetas: Un recorrido por la historia de la salvación del Antiguo Testamento

Chad Bird

Publicado en © 2024 por

1517 Publicaciones

PO Box 54032

Irvine, CA 92619-4032

ISBN (Paperback) 978-1-964419-22-0

ISBN (EBook) 978-1-964419-23-7

Traducido del libro *Hitchhiking with Prophets: A Ride Through the Salvation Story of the Old Testament*

© 2023 New Reformation Publications

Publicado por 1517 Publishing

Traducción por Cristian J Moran

A menos que se indique algo distinto, las citas bíblicas están tomadas de la Nueva Biblia de las Américas™ NBLA™, © 2005 por The Lockman Foundation.

Las citas bíblicas marcadas con RVA-2015 están tomadas de la Versión Reina Valera Actualizada, Copyright © 2015 por Editorial Mundo Hispano.

Las citas bíblicas marcadas con NVI están tomadas de la *Santa Biblia*, Nueva Versión Internacional © 1999, 2015 por Biblica, Inc ®.

Contenido

Introducción

No tenía idea de dónde estaba. Mis piernas, salpicadas por el barro y laceradas por las espinas, contaban la historia de mi desagradable aventura. Una hora antes, me había atado las zapatillas de correr y había llegado a los senderos de tierra de un parque cercano para una larga carrera matinal de sábado. Era nuevo en este sector y, sin duda, un explorador novato de este extenso parque cubierto por una red de senderos entrelazados.

Al principio, todo anduvo muy bien. Una mañana fresca. Sobre la superficie de los senderos danzaba una mezcla de sol y sombra. Sin embargo, en algún punto del camino, giré a la izquierda por un sendero estrecho y tortuoso y me desorienté. Sin teléfono ni un GPS que me indicara dónde estaba, corrí en una dirección, volví atrás, corrí en otra dirección, volví atrás y acabé totalmente perdido. Finalmente, luego de divisar tejados, abandoné los senderos y me abrí paso entre espinas y cardos hasta que mis pies pisaron aliviados el asfalto.

Y mientras me encontraba allí, mirando calles desconocidas a derecha e izquierda, y cubriéndome la cara con la mano para protegerla del sol, un automóvil se detuvo a mi lado. Bajó la ventanilla y, cuando me agaché para mirar a través de la cabina, vi el rostro amable y sonriente de una anciana.

«Parece perdido», me dijo.

«Sí, señora», dije riendo. «Me temo que sí».

«¿Dónde vive?».

«En Stoney Bend, junto a Wetmore Road».

«Oh, sé dónde está eso. Está al otro lado del parque».

«Supongo que sí. Los senderos me dejaron desorientado».

«Bueno, suba. Lo llevaré a casa. Parece agotado».

«¿Está segura? Probablemente pueda encontrar el camino de vuelta».

«Sí, estoy segura. Probablemente volverá a perderse. Suba».

Así que subí. Por el camino, mi conductora me contó la versión resumida de su vida, sus años en San Antonio, donde creció, sus cincuenta y cinco años de matrimonio y lo mal que lo había pasado acostumbrándose a la soledad de la viudez. Yo me limité principalmente a escuchar. Parecía contenta de tener a alguien con quien hablar. Minutos más tarde, nos detuvimos frente a mi casa, agradecí abundantemente su generosidad y luego vi su arrugado rostro alejarse con una sonrisa.

Fue un trayecto corto y una conversación breve, pero mi imprevista experiencia de transporte gratuito convirtió temporalmente a una extraña en una conocida, abrió por algunos minutos su vida a la mía, me proveyó el traslado que necesitaba y alegró su día porque pudo compartir su historia con un oyente activo.

A veces, cuando estás perdido, ser llevado por un viejo conductor narrador de historias es la mejor manera de llegar a casa.

En nuestra vida no faltan historias en las cuales nos sentimos perdidos y tratamos de encontrar el camino a casa. La desorientación parece ser nuestra dirección predilecta. En mi juventud, uno de mis amigos adolescentes se quitó la vida. Por algún tiempo, vagué por un pantano de dolor, sin poder hallar el camino a casa. Como pastor, hubo momentos en los que la decepción, el estrés y el miedo me dieron tantas vueltas que pensé que abajo era arriba y arriba era abajo. En una etapa muy posterior, mientras trabajaba como camionero en turnos de noche, me perdí docenas de veces en la red de senderos que surcaban el áspero campo de Texas. Por aquella época, también me hallaba espiritualmente perdido en una cegadora tormenta de vergüenza y autodesprecio por los errores destructivos de mi pasado. Mientras escribía este libro, mi hijo de veintiún años, Luke, murió en un accidente de senderismo en Chile, mientras estudiaba en el extranjero como guardiamarina de la Academia Naval de los Estados Unidos. Tres meses y medio más tarde, mi padre, de ochenta y un años, murió de un infarto agudo. Decir que me vi «perdido en el dolor» se queda muy corto. Con los ojos ciegos de tanto llorar, atravesé a tropezones una niebla de dolor, frustración y agonía del alma que nunca antes había experimentado hasta ese punto.

Estas son las historias de cuando yo me perdí. Y me atrevería a apostar que a ti no te faltan las tuyas.

Si somos sinceros con nosotros mismos, supongo que no nos causa sorpresa estar perdidos; lo que parece milagroso es volver a casa.

Volver a casa es el tema de este libro. Cuando digo «casa» no me refiero a la dirección de tu domicilio, la casa de tus padres o cualquier otro lugar que consideres seguro. Casa es la morada para la cual Dios nos creó. Y nuestro Padre nos creó para morar en su Hijo, Jesús. Él es nuestro hogar; el lugar donde moramos, donde estamos en paz, y donde por fin podemos mirar a nuestro alrededor y decir: «Ah, aquí es donde Dios quiere que esté».

Volver a casa, llegar a Jesús, es un camino tanto largo como corto. Es un camino corto porque Jesús no está relajándose en algún lejano balneario celestial, a años luz de la Tierra, mirando las estrellas mientras los serafines le cantan serenatas. Está tan cerca como tu piel; tan cerca como el rojo de la sangre de tus venas. Como escribió su apóstol: «Él no está lejos de ninguno de nosotros. Porque en Él vivimos, nos movemos y existimos» (Hch 17:27-28). Así de cerca está.

Sin embargo, al mismo tiempo, llegar a Jesús es un camino largo. Con «camino largo» me refiero a que la Navidad no ocurrió inmediatamente después de la creación. Noé no compró regalos de Navidad para sus tres hijos en Amazon, ni tampoco lo hicieron Abraham, David, Nehemías ni ninguna de las otras personas que mencionaremos en este libro. Primero hubo creación, y luego el cosmos fue destrozado por nuestros primeros padres —que se creyeron más sabios que Dios—. Después vino toda una larga y andrajosa cadena de asesinatos, plagas, exilios, reyes y prostitutas, intercalada con muchos momentos de espera inactiva. No estamos hablando de años ni de siglos, sino de milenios: miles de años transcurrieron mientras el pueblo del Señor esperaba que ese «largo camino» llegara a su final ordenado por Dios.

Este libro documentará ese «largo camino» de la manera más vivaz y colorida posible. Porque la Biblia no es un libro polvoriento y aburrido. Es un verdadero circo de la humanidad, con bufones payasescos, santos elevados, burros que responden, zurdos asesinos de reyes, doncellas cautivadoras, reyes asesinos de niños, predicadores desnudos, y toda la gloria y la sangre que quepan en la carpa bíblica. Y en cada parte de esta historia está Dios, que, en su salvaje y apasionado amor por la humanidad, conduce la historia hacia el nacimiento y el ministerio de Jesús el Mesías.

¿Ya conoces bien el Antiguo Testamento? Fabuloso. Este libro será un agradable repaso. ¿No sabes cuál es la diferencia entre la Biblia y *El hobbit*? Estupendo también. Este libro será un útil mapa en un territorio desconocido. Cuando acabemos, no conocerás todos los entresijos de la historia, pero tendrás una idea clara sobre aquellos que mueven los hilos principales.

¿Nuestro objetivo? Llegar a casa, a Jesús. Y para ello, viajaremos a dedo con algunos narradores de cabello blanco. Abraham nos conducirá desde Harán hasta la tierra prometida, bajará a Egipto, volverá y llegará hasta la cima de una montaña solitaria donde Dios le dijo que hiciera lo impensable. Sacaremos nuestros pulgares frente al octogenario Moisés, que nos recogerá cerca de una zarza ardiente, nos conducirá por entre diez plagas, correrá por tierra seca entre dos muros de agua y, finalmente, nos dejará en el desierto de Judea. Con David atravesaremos la pentápolis de los filisteos y nos enfrentaremos al monstruoso Goliat. Con Isaías haremos algunas paradas en los oasis proféticos. Y con muchos otros sabios y predicadores, ocuparemos el asiento del copiloto y los escucharemos dejar caer perlas de sabiduría hebrea en nuestros oídos abiertos.

Cada narrador nos llevará un poco más lejos en el camino del Antiguo Testamento. Cada uno se basará en las historias de sus predecesores. Y cada uno, con un brillo en los ojos, nos dirá que estemos atentos a la

Simiente prometida. Porque, al final del camino, es a él a quien todos han —y hemos— estado esperando.

Sube, pues, y abróchate el cinturón. Vamos a dar un paseo.

Capítulo 1

La mamá y el papá de la humanidad

Advertencia: Empezaremos nuestro viaje un poco incómodos. En los asientos delanteros van la madre y el padre de la humanidad, y ambos llevan puesta su ropa de recién nacidos. Es extraño, lo sé, pero así es como empieza nuestra historia. Así que ocupa el asiento trasero, evita mirar y limítate a escuchar. Tenemos un vasto territorio que recorrer en poco tiempo, desde un jardín paradisíaco, hacia el oriente, en Edén, hasta pasar por un cementerio lleno de tumbas. Y por el camino, comenzará a brillar una resplandeciente luz de esperanza. Bienvenidos al lugar donde todo empezó: Génesis 1–5.

Al principio de la historia bíblica, nos encontramos con un Padre que no se cansa de darnos regalos a nosotros, sus hijos. Nos regala un amplio mundo que construyó y un huerto específico que plantó. Nos regala el océano Pacífico, los pinos ponderosa, la Vía Láctea y los colibríes. Él es Dios, el Dador, que da a la humanidad, el receptor. Y al otorgar esos dones, se asegura meticulosamente de que cada minúscula partícula de la creación esté en armonía, garantizando que tengamos el hogar perfecto para habitar con él. Porque todo se trata de morar con él. Él es nuestro Emmanuel, un nombre hebreo que significa «Dios con nosotros». Y si Dios está con nosotros, y nosotros con él, eso, amigos míos, es el paraíso hecho realidad.

El primer capítulo de Génesis documenta, día por día, la manera en que el Señor es un constructor. Sin embargo, se trata de uno muy poco habitual. No se presentó un sábado por la mañana, temprano, en el Home Depot celestial, para comprar una camionada de tierra, aire, fuego y agua para construir un mundo. Lo único que hizo fue abrir su boca. «Sea la luz», dijo, y la luz fue. «Haya expansión», dijo, y la hubo. Sus únicas herramientas fueron las palabras. Habló para que todo existiera. Y esto no es algo puntual en él. Es su continuo modo de actuar. Él habla, y suceden cosas.

De esto aprendemos algo vital: el origen de todo aquello que no-es-Dios fue, y sigue siendo, la palabra del Padre. O, para ser más precisos, *la Palabra* del Padre. Pues, a medida que la historia avance, veremos que su Palabra con mayúscula no es un mero vocablo; la Palabra es el Hijo del Padre. Uno de los primeros seguidores de Cristo, Juan, nos hablará de este Hijo remontándose a Génesis: «En el principio era la Palabra, y la Palabra era con Dios, y la Palabra [Jesús] era Dios» (Jn 1:1 RVA-2015). Por tanto, en el principio estaba el Padre, con su Hijo y su Espíritu Santo, creando los cielos y la tierra.

Nosotros describimos nuestro mundo como un planeta, pero para la gente del Antiguo Testamento, se concebía como un gran templo. Dios lo construye, lo organiza y lo amuebla para habitarlo. Los templos son espacios cuidadosamente estructurados, donde todo y todos tienen un lugar y una función. Eso es lo que ocurre en Génesis, cuando el Señor crea, divide, forma y moldea el agua, la tierra seca, las luces celestiales, las plantas, los árboles y, finalmente, los animales y los seres humanos. El Señor es meticuloso en todo, pero de un modo saludable. No hace las cosas a la ligera. Es preciso. Es exacto. Y está satisfecho con su obra, pues siete veces la aplaude como «buena» y «buena en gran manera». Tras construir este mundo y elaborar su templo cósmico durante seis días, el Señor descansa el séptimo día. En otras palabras, se instala. Hogar, dulce hogar.

Todo templo tiene sus sacerdotes, que ofrecen sacrificios, oran, trabajan y sirven como guardianes de las cosas santas de Dios. Nuestro mundo no fue —ni es— la excepción. Los dos primeros sacerdotes fueron un hombre y una mujer creados por el Señor el viernes, el sexto día de la creación. Fueron como el resto del mundo en el sentido de que el Señor los creó, pero al mismo tiempo fueron distintos del resto del mundo. Podría decirse que los humanos somos parte cielo y parte tierra. Cerramos la brecha entre Dios y todo lo demás.

¿Cómo así? Adán fue hecho de la tierra y Eva fue hecha de su costado, pero el Señor dijo de ellos: «Hagamos al hombre a Nuestra imagen, conforme a Nuestra semejanza; y ejerza dominio sobre los peces del mar, sobre las aves del cielo, sobre los ganados, sobre toda la tierra, y sobre todo reptil que se arrastra sobre la tierra» (Gn 1:26). En toda la creación, ninguna otra cosa fue hecha a imagen y semejanza de Dios, como criaturas que reflejan al Creador, y como sus íconos andantes y parlantes en este mundo. No somos productos biológicos de la evolución, almas atrapadas en una «bolsa de carne», o una pieza más en la máquina de un cosmos

en el que, finalmente, no somos más importantes que
un caracol o un microorganismo. Los humanos somos
reyes y reinas sacerdotales que servimos al Señor en este
templo material y, al mismo tiempo, tenemos dominio
sobre todas las demás criaturas.

Luego de esta vista panorámica de la creación,
nos adentramos en un lugar único en este mundo; un
lugar llamado Edén. Es un área en la parte alta de una
montaña, en cuya cima hay un jardín paradisíaco. Allí
juegan los animales, la tierra está adornada por árboles frutales, y las aguas de un río brotan y descienden,
dividiéndose en cuatro corrientes que bañan el resto
del mundo con la vitalidad del Edén. Aquí el Señor
coloca a su sacerdote llamado Adán y a su sacerdotisa
llamada Eva. Si el mundo es un templo, este jardín es el
Lugar Santísimo de él, pues aquí el Señor se pasea con
sus hijos. Todo está bien. Dios habita con el padre y la
madre de la humanidad. Aun cuando pasean desnudos
como Dios los trajo al mundo, no sienten vergüenza,
pues son totalmente inocentes. El mundo es como debe
ser. Ellos son como deben ser.

Adán y Eva tienen dos tareas principales. En
hebreo, estos deberes son *abad* y *shamar* (Gn 2:15).
El verbo *abad* es una palabra polifacética. Significa
trabajar, servir y adorar. Deberán *trabajar* la tierra
como agricultores. *Servir* al Señor como sus sacerdotes. *Adorarlo* como su Dios. El verbo *shamar* significa
vigilar, guardar y custodiar. Más adelante en la historia
bíblica, cuando el Señor haga que Israel construya un
tabernáculo, y posteriormente, el templo, los sacerdotes
deberán *shamar* estos santuarios para asegurarse de que
nada impuro entre en el espacio sagrado. Adán y Eva
son, por tanto, los guardianes de este paraíso montaña.

En libertad, estos esposos pueden trabajar, jugar, adorar, hacer el amor, formar familias y ampliar las fronteras del Edén a medida que la familia humana crece. Para sustentar la vida que llevan, pueden comer el fruto de un árbol especial llamado «el árbol de la vida». De otro árbol, llamado «el árbol del conocimiento del bien y del mal», no deben comer nunca. Es el único «No» que Dios les da. Como su Creador, solo él determina lo que es bueno y malo para ellos. No existe un sistema ético de cosas correctas e incorrectas. Y, desde luego, no existe una moral humanamente concebida por la que Adán y Eva puedan decidir lo que es mejor para ellos. Lo mejor para ellos es vivir en el amor, la libertad y el gozo del Padre. Así es como siguen floreciendo en su calidad de seres humanos.

Sin embargo, este florecimiento dio rápidamente paso al resbalamiento y la caída. No sabemos cuánto tiempo pasó antes de que las cosas se desmoronaran. ¿Horas? ¿Días? ¿Semanas? Cuandoquiera que haya sucedido, el descarrilamiento de la humanidad fue instantáneo, catastrófico y continuo. Una serpiente, de la cual, más tarde, la Biblia nos dice que era un ángel rebelde llamado Satanás, tentó a Eva. La cebó para que cuestionara si lo que Dios le había dicho era cierto. Es más, describió al Señor como un avaro que les estaba ocultando cosas, impidiéndoles ser los humanos que podían llegar a ser.

En respuesta a esta doble tentación —deshacerse de la palabra de Dios y dudar de su generoso amor—, Eva le clavó el diente al fruto prohibido. Adán no tardó en hacer lo mismo, y antes de que hubieran digerido lo comido, la creación entera murió de una muerte que todavía sigue hoy. Habitamos un mundo moribundo.

El efecto de esta primera rebelión humana contra nuestro Creador fue la ruptura de la paz y de la perfección. En los próximos capítulos observaremos ocasionalmente cómo el Señor reinició forzadamente la creación, pero cada vez las grietas en el alma de la humanidad comenzaron a aparecer de inmediato. Solo al final de la historia habrá un verdadero y perpetuo nuevo comienzo en Cristo.

Viajando hacia delante en la historia humana, y observando en nuestro retrovisor un Edén perdido, podemos confiadamente decir que todo, desde los tsunamis hasta los suicidios, desde los divorcios hasta las sobredosis, y desde las sequías hasta los dolores de parto, lleva por todas partes el ADN de Génesis 3. Adán y Eva fueron expulsados del paraíso para luchar contra una tierra obstinada y ganarse a duras penas la vida en una tierra que ahora parecía burlarse de ellos.

Lo que es peor, las cosas no descendieron hacia el oscuro caos del mal a paso de tortuga: como la escena de un crimen, el mismísimo capítulo siguiente de la historia humana está rodeado de cinta amarilla. En Génesis 4, Caín, primogénito de Eva, asesina a Abel, su hermano menor. Un hombre asesina a otro. La tierra, que alguna vez fuera un bendito regalo para la humanidad, es manchada por la sangre de la vida de un hombre.

Este fratricidio es seguido, en Génesis 5, por una genealogía cuyo triste estribillo es «y murió… y murió… y murió». Pronto, la faz de un mundo una vez prístino y hermoso quedó marcada por tumbas. El Señor de la vida, en contra de su deseo, introdujo la muerte en la humanidad. Mucho después, el apóstol Pablo lo resumió así: «La paga del pecado es muerte» (Ro 6:23). Y esa paga nunca deja de pagarse.

Justo en medio de este sombrío relato de «Cómo todo se fue al garete» comenzó a brillar un deslumbrante rayo de luz. De hecho, esta luz sirvió como un diminuto sol de esperanza, generación tras generación. Antes de que el Señor expulsara a nuestros padres del Edén, dirigió estas palabras a la serpiente:

> Pondré enemistad entre tú y la mujer,
> y entre tu simiente y su simiente;
> él te herirá en la cabeza,
> y tú lo herirás en el talón. (Gn 3:15).

Esta maldición dirigida a la serpiente fue una bendición para nosotros. Se había declarado una guerra. Habría enemistad —una batalla hostil, mortal y continua— entre el lado de Dios y el del diablo. Pero llegaría un día en que la serpiente clavaría sus colmillos en el talón de un hombre que, al mismo tiempo, aplastaría la cabeza de aquella víbora. Mucho después del Edén, en una colina a las afueras de Jerusalén, Jesús, Hijo de Dios y descendiente de María, moriría cruelmente en la cruz. Sin embargo, bajo su talón se hallaba la cabeza aplastada y sin vida del antiguo enemigo de la humanidad.

En su propio tiempo, grato y perfecto, el Señor arreglaría las cosas. Esa esperanza, como un filón de oro, puede rastrearse a todo lo largo del resto de la historia del Antiguo Testamento. Y en esa historia nos dirigimos ahora al siguiente capítulo para oír acerca de un arca-Edén flotante y su famoso capitán, Noé.

Capítulo 2

Un Edén flotante, el capitán Noé y la torre de la confusión

Los primeros kilómetros de nuestro viaje comenzaron con un paraíso verde y hermoso, pero pronto aquella deslumbrante vista dio paso a un antiparaíso, marrón y apagado, donde moran las serpientes, el suelo empapado de sangre llora, e interminables tumbas señalan la mortalidad. Sin embargo, antes de que las cosas mejoren, empeorarán, y mucho. Pronto necesitaremos que nuestro vehículo flote, pues habrá cadáveres hundiéndose en las negras profundidades de una inundación mundial y el único signo de esperanza será un barco. Y aun después de que las aguas se sequen, la humanidad, que parece no aprender jamás la lección, intentará crear un Edén divorciado de Dios. Abróchate el cinturón, porque entraremos en la tierra sin ley de Génesis 6–11.

Imagina un mundo donde el agua provoca sed, el sol produce oscuridad y nadamos en fuego. En este mundo de pesadilla, avanzar es retroceder y retroceder es avanzar. Todo está fuera de lugar, todo está en desorden e involuciona hacia una monstruosidad donde «lo que debería ser» cede su lugar a «lo que no debería ser». Tal es el mundo que nos encontramos, en toda su fealdad, a medida que viajamos por las páginas de Génesis 6.

Lo que empezó como la adopción de un comportamiento negativo por parte de Adán y Eva al abandonar la palabra de Dios y dudar de su amor, rápidamente culminó con las manos de Caín manchadas por la sangre de su hermano. A medida que la humanidad comenzó a extenderse por la faz de la tierra, la situación se deterioró aun más. Como era de esperar, la primera escena con la que nos encontramos está impregnada de matices sexuales. Digo «como era de esperar» porque, si el amor hace que el mundo gire, muy a menudo el sexo lo hace dar giros equivocados. Entre un hombre y una mujer unidos en matrimonio, el sexo es un don de Dios, concebido para el placer, la procreación y la continua conexión física y emocional de los cónyuges. Y por esa misma razón, este don siempre ha sido —y, por supuesto, sigue siendo— torcido por fuerzas oscuras a fin de corromper las almas de las personas por medio de acciones y relaciones totalmente contrarias a la naturaleza que el Señor creó en ellas.

¿Qué ocurrió en Génesis? Los detalles son muy escasos, así que los maestros de la Biblia evitan sabiamente decir que poseen *La interpretación definitiva* de los acontecimientos. He aquí el relato, en pocas palabras: «Aconteció que cuando los hombres comenzaron a multiplicarse sobre la superficie de la tierra, y les nacieron hijas, los hijos de Dios vieron que las hijas de los hombres eran hermosas, y tomaron para sí mujeres de entre todas las que les gustaban» (Gn 6:1-2). La pregunta acuciante es si «hijos de Dios» se refiere a hombres creyentes o a seres celestiales. Básicamente, ocurrió una de estas dos cosas: (1) o los ángeles rebeldes visitaron nuestro mundo, codiciaron a las mujeres y las fecundaron, produciendo así una raza híbrida, o (2) los hombres creyentes se casaron con mujeres no creyentes y tuvieron hijos con ellas. De cualquier modo, un tipo de unión sexual no tolerada por Dios engendró desunión en la raza humana. El coito creó caos. Retroceder se convirtió en avanzar. Y las cosas se pusieron muy feas, muy rápidamente.

¿Qué tan feas? Bueno, considera estas escalofriantes palabras:

> El Señor vio que era mucha la maldad de los hombres en la tierra, y que toda intención de los pensamientos de su corazón era solo hacer siempre el mal. Y al Señor le pesó haber hecho al hombre en la tierra, y sintió tristeza en Su corazón. Entonces el Señor dijo: «Borraré de la superficie de la tierra al hombre que he creado, desde el hombre hasta el ganado, los reptiles y las aves del cielo, porque me pesa haberlos hecho». (Gn 6:5-7).

Sería difícil encontrar un discurso más condenatorio y deprimente en toda la historia del mundo. Apenas llevamos seis capítulos de la Biblia cuando el Creador está dispuesto a tirar el cosmos a la basura, verter sobre él un balde de gasolina y coger una caja de fósforos. Así de grave es.

Sin embargo, antes de que perdamos toda esperanza, escucha este versículo que sigue inmediatamente a las palabras antes citadas: «Pero Noé halló gracia ante los ojos del Señor» (Gn 6:8). Gracia. Favor. En hebreo,

la palabra es *kjen*. Al igual que una palabra hebrea similar, *kjésed* (amor, bondad, amor indefectible), el sustan-
tivo *kjen* nos acoge en el amplio y cálido corazón del
Padre, que nunca deja de querer lo mejor para sus hijos.
Siempre nos ama, siempre nos acoge en casa, siempre
y en todo lugar desea que estemos con él, y él estar con
nosotros. Nuestro Padre hará lo que sea necesario para
que nunca se pierda toda esperanza, para que siempre
haya un camino de redención.

Tal como nuestra salvación se encuentra solo en
un hombre, Jesús, en esta temprana etapa de la historia
humana la esperanza del mundo pendía de este único
hombre, Noé. No era *el* Salvador, por supuesto, pero era
una especie de prefiguración de cómo sería Jesús y de lo
que haría. Y esto no es raro en el Antiguo Testamento.
Mucho antes de que naciera Cristo, el Señor destacó a
ciertos individuos que eran tipos o figuras de Cristo (p.
ej., Adán, Melquisedec, Moisés, Josué, David y muchos
otros). Me gusta pensar en ellos como una «sinopsis» de
la «película de Jesús» que está por venir. Nos abren el apetito espiritual ofreciéndonos un vistazo breve y parcial de
la historia cinemática completa que llenará las pantallas
de los Evangelios de Mateo, Marcos, Lucas y Juan.

¿Qué clase de hombre era Noé? Era «un hombre
justo, perfecto entre sus contemporáneos. Noé siempre
andaba con Dios» (Gn 6:9). También era casado, al igual
que sus tres hijos, Sem, Cam y Jafet. Pedro añade que Noé
fue «un predicador de justicia», por lo que es de suponer que además intentó convencer a los demás de que se
arrepintieran, creyeran y acudieran a Dios (2 P 2:5). Pero
sus oyentes no lo aceptarían. Se nos dice que la tierra «se
había corrompido delante de Dios, y estaba [...] llena
de violencia [...] porque toda carne había corrompido

su camino sobre la tierra» (Gn 6:11). Esta corrupción, este endurecimiento del corazón que dice «No» a Dios y «Sí» al mal, sigue siendo la razón por la que la gente vive su vida en las tinieblas de la incredulidad, la violencia y el egoísmo.

El Señor reveló su plan a Noé. Dijo: «He decidido poner fin a toda carne, porque la tierra está llena de violencia por causa de ellos; por eso voy a destruirlos junto con la tierra. Hazte un arca de madera de ciprés» (Gn 6:13-14). En otras instrucciones, el Señor detalla el tamaño de esta nave, la necesidad de recintos y cubiertas y de almacenamiento de alimentos en su interior, así como el plan de convertirla en un zoológico flotante. Parejas de animales machos y hembras —junto con siete de algunas clases de animales— acompañarían a Noé y su familia en el primer barco de carga del mundo.

Cuando todo estuvo listo, cuando todas las personas y los animales estuvieron a bordo, el arca sirvió como un Edén sobre las aguas. El Creador comenzó a rebobinar la creación hasta Génesis 1:2, cuando el mundo era una enorme masa de agua, sin tierra firme. Estaba haciendo ese reinicio forzado que mencioné en el capítulo anterior. Estaba deshaciendo el mundo, no solo para destruirlo, sino para rehacerlo. Habría unos nuevos «Adán y Eva» (en este caso, cuatro hombres y cuatro mujeres), acompañados de los animales que moraban con ellos, tal como había ocurrido en el jardín de Génesis 2. Mientras la lluvia seguía cayendo y el arca comenzaba a flotar, todo lo demás empezó a morir. «Todo aquello en cuya nariz había aliento de espíritu de vida, todo lo que había sobre la tierra firme, murió» (Gn 7:22). La creación fue limpiada. El mundo de la humanidad, aquella que no quería vivir con Dios, obtuvo lo que quería en su reemplazo: la muerte, en separación de él.

¿Y Noé? Dios «se acordó» de él, es decir, se acordó en una suerte de «recordación activa» (Gn 8:1). Secó las aguas. Los montes y la tierra volvieron a aparecer. Y una paloma, trayendo una hoja de olivo en el pico, fue signo de esperanza. Poco después, el Señor hizo un pacto con Noé, e incluso colgó su arco en las nubes —un arco iris— como señal de que jamás volvería a lanzar las flechas de un diluvio contra la tierra. Tras flotar durante algo más de un año, el arca se posó sobre los montes de Ararat (8:4). Tal como el Edén estaba en una montaña, con Adán y Eva y los animales, así Noé y su familia, rodeados de animales, desembarcaron en una montaña para comenzar otra vez la creación.

Pero ¿hasta qué punto era «nueva» la creación? Quizás convenga hacer una analogía. Mucho más adelante en la Biblia, Pedro comparará la historia del diluvio con la historia del bautismo de cada cristiano. Tal como aquellas ocho personas fueron «salvadas por medio del agua», «correspondiendo a esto, el bautismo ahora los salva a ustedes» (1 P 3:20-21). ¿Fueron Noé y su familia perfectamente salvados de la muerte al flotar en el arca? Sí. ¿Son los cristianos perfectamente salvados de la muerte eterna mediante el agua del bautismo? Sí. ¿Siguen los cristianos, después de ser bautizados, siendo pecadores que tropiezan, caen, se arrepienten y son perdonados? Sí. Del mismo modo, después de que Noé y su familia experimentaron este «bautismo-diluvio», sus naturalezas humanas siguieron siendo débiles y obstinadas, pecaminosas y propensas al mal. Este reinicio forzado de la creación no eliminó el «programa malicioso» de la humanidad, por así decirlo. Sí, hasta cierto punto la creación se halló renovada, pero al mismo tiempo siguió pudriéndose por dentro. De hecho, tras el diluvio, el propio Señor dijo que «la intención del corazón del hombre es mala desde su juventud» (Gn 8:21). El diluvio, por necesario que fuera, no había eliminado el problema fundamental de la humanidad: nuestros corazones caprichosos y rebeldes que siempre se apartan del Señor y se inclinan hacia los falsos y despreciables pseudodioses de este mundo.

Como prueba de esta propensión humana al mal, hay dos historias que siguen al relato del diluvio: una sobre Noé borracho y desnudo, y otra sobre la construcción de una torre de adoración vana.

Algún tiempo después del diluvio, Noé se dedicó a la agricultura, concretamente al cultivo de viñedos. Cuando las uvas aparecieron y elaboró para sí mismo un poco de vino, también participó, con evidente placer, de este fruto de la vid. ¿El resultado? «Se embriagó, y se desnudó en medio de su tienda» (Gn 9:21). El sobrio y justo Noé se convirtió en el Noé borracho y desnudo. Cam, su hijo menor, lo descubrió en esta posición poco favorecedora y salió para contárselo a sus hermanos. Estos dos hermanos mayores, para ocultar la vergüenza de su padre, entraron en la tienda de Noé caminando de espaldas, manta en mano, y lo taparon.

Cuando Noé despertó y recuperó la sobriedad, pronunció sus únicas palabras registradas en la Biblia: maldijo a Canaán (hijo de Cam), y luego pronunció una bendición sobre los dos hijos mayores, Sem y Jafet (Gn 9:25-27). Los eruditos aún debaten la cuestión de por qué maldijo al nieto (Canaán) y no al hijo (Cam), pero el efecto fue el mismo: a partir de ese día, Canaán (padre de

los posteriores cananeos, de quienes más tarde oiremos
hablar mucho) sería siervo de sus hermanos y de sus res-
pectivas líneas familiares. Aunque en esta breve historia
hay muchas cosas que no comprendemos, resulta claro
que, en este mundo posterior al diluvio, aún estamos
también en un mundo posterior a Génesis 3, es decir,
un mundo en el que los hombres se emborrachan, las
familias se dividen y se pronuncian maldiciones. Puede
que, además de ser un prototipo de Jesús, Noé fuera
una especie de nuevo Adán, pero él y sus hijos también
seguían atrapados en la telaraña del mal. Solo con la
llegada del nuevo y mejor Noé, Jesús el Cristo, todos
tendríamos verdadera esperanza y curación. Al colgar
desnudo y expuesto en lo alto de la cruz, él bebió el juicio y la maldición del Señor hasta la última gota.

La segunda narración que cuenta la sórdida historia del continuo problema de pecado de la humanidad
es la de la torre de Babel (Gn 11:1-9). Muchas ciudades
antiguas tenían una estructura cultual en forma de pirá-
mide conocida como zigurat, con escalones que condu-
cían a un santuario en la parte superior. Un zigurat era
un monte artificial que conectaba la tierra con el cielo.
Los descendientes de Noé, todos los cuales compartían
la misma lengua, dijeron: «Vamos, edifiquémonos una
ciudad y una torre cuya cúspide llegue hasta los cielos,
y hagámonos un nombre famoso, para que no seamos
dispersados sobre la superficie de toda la tierra» (11:4).
Este intento de construir una torre en forma de zigurat
fue un símbolo de la ambición humana de conseguir
métodos de inmortalidad elegidos por ellos mismos.
Quisieron «hacerse un nombre»; un nombre que perdu-
rara. Aquí podrían dedicarse a los pasatiempos favoritos
de la humanidad: proyectos de autosalvación, inventos

para la inmortalidad, y el acto de fingir ser dioses en vez de adorar al verdadero Señor. Y sí que se hicieron un nombre, excepto que no el deseado: el lugar llegó a conocerse como Babel, un juego de palabras con el verbo hebreo que significa «confundir o mezclar» (*balal*), pues el Señor «confundió» su lengua de modo que ya no pudieron trabajar juntos. Esto provocó una mayor fragmentación humana, de modo que, a partir de Babel, «el Señor los dispersó sobre la superficie de toda la tierra» (11:9).

El grito de esta antigua historia bíblica resuena por todos los pasillos de la Biblia, ya que, en hebreo, Babel y Babilonia se escriben igual. Babilonia se convertiría en una de las antiguas superpotencias mundiales. Un día los babilonios aplastarían al pueblo de Israel, demolerían su templo y lo llevarían al exilio, a la propia Babilonia. En Apocalipsis, el último libro de la Biblia, Babilonia es el nombre dado al mundo que agita su puño en la cara de Dios y que, como una ramera, seduce los corazones de la humanidad para llevarla hacia el mal (p. ej., Ap 14:8; 17:5; 18:1-24). Por tanto, este relato de Génesis es un microcosmos del sucio futuro de la guerra de la humanidad contra el cielo. Tal como, en el principio, el Señor creó el Edén sobre una montaña, la humanidad rebelde intentará, por sus propios medios, crear sus montañas del Edén separadas de Dios, todas ellas destinadas al fracaso.

Así que, aquí estamos, a once capítulos del inicio de la Biblia, ¡y las cosas siguen empeorando! La gente está dividida, las familias en caos, y la mejor esperanza que el mundo tiene de un «salvador» se encuentra ebria y desnuda en su tienda. ¿Qué se puede hacer? Al adentrarnos en la siguiente sección de Génesis, nos desviaremos por una gran autopista de la que no saldremos en mucho tiempo. Podríamos llamarla la carretera interestatal de Abraham. Como veremos, Dios tiene un plan; un plan grande y lleno de gracia, que está a punto de poner en marcha.

Capítulo 3

Un medio hermano, una anciana embarazada, y el sacrificio en la cima de la montaña

Hasta aquí, nuestro viaje ha sido muy poco divertido, pero ahora nos espera una carcajada. Dios está a punto de darnos a conocer su seco sentido del humor. Una arrugada pareja de ancianos llamados Abram y Sarai, las dos últimas personas que esperaríamos que engendraran hijos juntos, están a punto de concebir un niño cuyo nombre, Isaac, significa Risa. Iremos con ellos de Mesopotamia a Canaán, luego a Egipto, y luego regresaremos. Es un paisaje extraño, con matrimonios raros, prepucios extirpados y un cuasisacrificio que, desde lo alto de una montaña, reverberará por el resto de la historia del Antiguo Testamento. Sigamos adelante, desde Génesis 12–25.

Supongamos que todo lo que conocemos de la Biblia es Génesis 1–11, la sección de la historia de Dios cubierta hasta aquí. Si el Señor solicitara nuestra opinión, preguntándonos: «¿Qué sugieres que hagamos ahora?

Dado el desorden en que se encuentra el mundo, ¿cómo deberíamos proceder para que las cosas vuelvan a su cauce?», ¿qué podríamos responder? Nuestra respuesta de sentido común podría ser: «Bueno, Señor, quizá sea el momento de volver a comenzar. ¿Qué te parece si encontramos una pareja, ambos jóvenes, fuertes y fieles creyentes en ti, e iniciamos una familia a través de ellos? Esta familia, a medida que crezca, proporcionaría esperanza a la humanidad; serían faros de luz en este mundo ignorante». Parece una buena idea, y de hecho lo es. Como veremos, el Señor efectivamente hará algo de ese estilo, pero al mismo tiempo será algo de un estilo muy *diferente*. De hecho, lo que hará parece destinado a fracasar.

De entre toda la humanidad, Dios selecciona a una pareja que será el epicentro de un nuevo comienzo, destinado a extender las bendiciones divinas a toda la población. Sus nombres son Abram y Sarai. Pero ¿son jóvenes? Difícilmente. En su última fiesta de cumpleaños, el pastel de este hombre tenía tantas velas que constituía un peligro de incendio. Tiene nada menos que setenta y cinco años, y su esposa es apenas diez años menor que él. Es más: nunca se los ha llamado papá y mamá. Y como hace tiempo que el reloj biológico de Sarai dejó la fertilidad atrás, no hay posibilidad de que amamante bebé alguno. Pero ¿son fieles? Otra vez no. El padre de Abram, un hombre llamado Taré, era adorador de otros dioses, así que es de suponer que su hijo también lo era (Jos 24:2). Y, para acentuar la rareza de esta pareja, Abram y Sarai son medio hermanos, ya que comparten el mismo padre pero no la misma madre (Gn 20:12). Por lo tanto, habiendo Sarai sido criada junto a Abram en la casa paterna de ambos, ella también habría crecido doblando la rodilla ante falsas deidades.

Para señalar lo obvio: este no es un principio esperanzador para el «nuevo comienzo» de la humanidad.

Pero el Señor empieza deliberadamente así para enseñarnos una verdad vital sobre su forma de actuar: no tiende a trabajar con lo que tenemos, sino con lo que *no* tenemos. En el principio, hizo la creación a partir de nada. Recuerda: el trajo todo a la existencia por medio de palabras. Lo mismo ocurre aquí. Toma la «nada» de esta pareja y hace algo grande dirigiéndoles palabras llenas de promesas. En el vientre muerto de Sarai, un día habrá un hijo vivo y sano. Este extraño proceder es la forma en que Dios nos prepara para el máximo milagro en que algo surge de la nada: cuando él toma el cuerpo muerto de su Hijo, Jesús, y pronuncia el regreso de la vida a su cadáver para que se levante corporalmente de la tumba. Ya en Génesis, por tanto, el Padre nos enseña sobre la resurrección de su Hijo.

Como vemos en la primera parte de la historia de Abram y Sarai, Dios también nos enseña que no lleva reloj de pulsera ni consulta el calendario. En otras palabras, casi siempre actúa tarde, y a menudo, risible y frustrantemente tarde. Cuando promete a esta pareja, ya anciana, que serán padres, no deja que Sarai conciba de inmediato. Oh no, eso sería demasiado fácil. Los obliga a esperar no uno, ni cinco, ni aun veinte años. Pasa nada menos que un cuarto de siglo antes de que el vientre de Sarai comience a hincharse por el crecimiento del pequeño Isaac en su interior. Tiene noventa años cuando abraza a su hijito.

Aquí también el Señor nos sienta en su aula para darnos una importante lección: cuando hace una promesa, esta se cumplirá, pero no según el momento en que *nosotros* pensamos que debería hacerlo. Por tanto, ya en Génesis, el Padre nos está enseñando también que cumplirá su promesa de enviar a la simiente o descendencia prometida a Adán y Eva para aplastar la cabeza del enemigo de la humanidad. Esto, sin embargo, ocurrirá solo de acuerdo a su calendario. Para la venida de Jesús, el pueblo del Antiguo Testamento tuvo que esperar y esperar hasta que se sintió tan viejo y sin vida como el vientre de Sarai. Y entonces, finalmente, el niño prometido creció en el lugar más improbable de todos: en el vientre de una virgen.

Pero pasemos ahora a la historia en sí: ¿qué ocurrió? Como puedes suponer, pasaron muchas cosas, así que nos limitaremos a hacer unos breves esbozos de los episodios principales. Abram y Sarai nos suben al vehículo después de haber experimentado la primera gran conmoción de sus vidas: el Dios —único Dios verdadero— cuyo nombre es Yahvé se aparece a Abram y le dice que haga la maleta. Él y su esposa abandonarán la ciudad para siempre. El monólogo es demasiado importante como para no citarlo.

> Y el Señor dijo a Abram: «Vete de tu tierra, de entre tus parientes y de la casa de tu padre, a la tierra que Yo te mostraré. Haré de ti una nación grande, y te bendeciré, engrandeceré tu nombre, y serás bendición. Bendeciré a los que te bendigan, y al que te maldiga, maldeciré. En ti serán benditas todas las familias de la tierra». (Gn 12:1-3)

Abram, que se había criado como idólatra, ve repentinamente aparecer en su puerta al único Dios verdadero. Eso, por sí solo, ya sería sorprendente. Pero sus palabras son electrizantes: Tú, Abram, no solo te convertirás en una nación, numerosa y bendecida, sino que *en ti será bendecida toda la familia humana.* ¡Imagínatelo! Es la forma bíblica abreviada de decir que Abram será lo que debió haber sido Adán.

Es más, si es en Abram que serán benditas todas las familias humanas, será de su árbol genealógico que el Hijo del Padre, la simiente prometida en Génesis 3, nacerá como uno de nosotros. Llegará un momento, muy lejano, en el que este solo hombre, Jesús, descendiente de Abram, será adorado en todo el mundo como el único canal de las bendiciones del Padre para toda la humanidad. Por eso, el Nuevo Testamento hará hincapié en que Jesús es hijo de este patriarca (Mt 1:1). En Gálatas 3:8, Pablo incluso dirá que, en Génesis 12, cuando el Señor pronunció estas palabras a Abram, estaba predicándole anticipadamente el evangelio, es decir, ya estaba anunciándole la buena nueva del Salvador que vendría, uno que obraría la salvación no solo para los descendientes físicos de Abraham (los judíos), sino también para los gentiles.

Tras la visita y el discurso sorprendentes del Señor, Abram, junto con Sarai y su sobrino Lot, desclavaron estacas y se dirigieron a la tierra que llevaba el nombre de Canaán, el nieto de Noé (¿lo recuerdas, del capítulo anterior? ¿El que fue maldecido?). Esta rica tierra sería su nuevo hogar; de hecho, sería el hogar de sus descendientes durante siglos. Abram viajó de un lugar a otro, pastoreando sus rebaños, como han hecho los beduinos durante milenios. Dondequiera que iba, construía altares, los cuales servían como pequeños santuarios. Pequeños edenes, podríamos decir. Cada lugar sagrado atestiguaba que Yahvé, el Dios verdadero, era el dueño de esta tierra. Aunque, al final de su vida, los bienes inmuebles de Abram consistían solo en una pequeña parcela —un lugar para las sepulturas familiares—, esa parcela fue como un anticipo. Su nieto, Jacob, adquiriría algunas hectáreas más. Y, generaciones más tarde, los descendientes de Jacob expulsarían a la mayoría de los cananeos para apoderarse de la tierra que, mucho antes, Dios había jurado dar a Abram.

Las aventuras y desventuras que padecieron Abram y su familia nos dejan a veces meneando la cabeza, otras veces aplaudiendo, y otras veces riéndonos entre dientes. Por ejemplo, no una sino dos veces, Abram mintió delante de reyes sobre Sarai, afirmando que era su hermana (lo cual era parcialmente cierto) pero no su esposa (lo cual era totalmente falso). Como ella era agradable a la vista, fue añadida al harén del rey. Sin embargo, en ambos casos, el Señor intervino para devolverla a Abram. Si aquellas ocasiones revelan el lado más oscuro y egoísta de Abram, el rescate de su sobrino Lot, prisionero de las abrumadoras fuerzas enemigas, en Génesis 14, revela que Abram también era un militar valiente, que sabía manejar la espada y la lanza. También era un hombre de fe que, cuando el Señor le prometió una descendencia tan numerosa como las innumerables estrellas del cielo, «creyó en el Señor, y Él se lo reconoció por justicia» (Gn 15:6).

Sin embargo, apenas hemos llegado a la conclusión de que Abram es un hombre fiel cuando leemos que él y Sarai decidieron que Dios estaba tardando mucho en darles un hijo. Por tal razón, idearon su propio plan: a instancias de Sarai, Abram tomó a Agar, sirvienta de su esposa, y llevándola a la cama, la dejó embarazada como vientre de alquiler de Sarai (esto era legal en aquella época). El hijo que nació se llamó Ismael. Sin embargo, una vez más, el Señor intervino para decir, básicamente:

«Escucha, Abram, cíñete a *mi* plan. Ismael no es el hijo de la promesa, sino un hijo de la procreación clásica. Tú y tu esposa tendrán un hijo de ambos. Solo confía y espera». Y luego, fiel a su proceder veloz como una tortuga, Dios los hizo esperar unos trece años más antes de que esto sucediera.

Más o menos un año antes de que el Señor cumpliera por fin su promesa de un bebé, ocurrieron dos cosas. La primera, Abram y Sarai, ellos mismos como niños recién nacidos, recibieron un nombre —un nombre nuevo—. En adelante, el que había sido Abram se llamaría Abraham, mientras que la que había sido Sarai se llamaría Sara. Sus vidas cambiarían radicalmente, por lo que también sus nombres fueron modificados. En segundo lugar, el Señor hizo que Abraham, así como todos los varones de su casa, se sometieran a una pequeña cirugía. Se les extirpó el prepucio. A partir de entonces, todos los hijos varones del linaje de Abraham serían circuncidados a la edad de ocho días. ¿Por qué? Para empezar, esta marca en la carne los señalaba como miembros de la familia del pacto de Dios. Si no eran cortados mediante la circuncisión, serían cortados del pueblo del Señor. Era así de serio; así de vital.

Y lo que es más importante, puesto que el esperma (la simiente) de Abraham pasaría a Sara —quien daría a luz al hijo prometido— a través de la virilidad de Abraham, se marcaba esta parte de su cuerpo. Podría parecer un lugar extraño para llevar un signo divino en el cuerpo, pero la carne circuncidada de Abraham era un recordatorio continuo, tangible y visual de que su simiente sería el medio por el cual todas las naciones serían bendecidas. Si hay algo que a Dios le encanta, es utilizar las cosas de la creación, y aun el miembro sexual del cuerpo de un hombre, para recordarnos que somos suyos. Para los cristianos, el equivalente cercano de la circuncisión es el bautismo, en el que Cristo utiliza su Palabra y el agua para unirnos a él; para hacernos miembros de la familia del nuevo pacto de Dios. Pablo escribe que los creyentes han experimentado «la circuncisión de Cristo, habiendo sido sepultados con Él en el bautismo» (Col 2:11-12).

Por fin, tras veinticinco años de espera, ¡el hijo tan ansiado nace! La anciana Sara se ríe. Todos a su alrededor se ríen. Toda la escena es muy cómica, en un sentido divinamente humorístico. ¿Qué otro nombre podían ponerle excepto *Yitskjak*, que significa «risa»? Nosotros lo conocemos como Isaac. Este hijo de Abraham, este hijo de la promesa, es en sí mismo una prefiguración de aquel Hijo de Abraham, Hijo de la promesa, que finalmente vendrá: Jesús el Cristo.

Terminemos este capítulo con una solemne historia sobre este hijo de Abraham, cuyo mensaje solo se comprendió de manera plena y final cuando Jesús vino como el verdadero Hijo de Abraham. En algún momento, probablemente cuando Isaac era al menos un adolescente, si no más tarde, Dios le dijo a Abraham que llevara a Isaac a la tierra de Moriah y lo ofreciera allí como sacrificio (Gn 22). Esto, en sí mismo, es chocante, pero si además se tiene en cuenta que la única posibilidad de que la simiente de Abraham fuera una bendición para todas las naciones descansaba en Isaac, es sencillamente increíble. Siendo el hombre de fe que es, Abraham acata, lleva a Isaac a Moriah, sube al monte e incluso lo ata sobre el altar. Solo en el último instante, cuando el cuchillo es levantado por la mano de Abraham, el mensajero de Dios grita desde el cielo para impedir que la hoja caiga. Abraham ni siquiera le había negado su propio hijo a Dios. En lugar de Isaac, lo que se ofrece como holocausto es un carnero cuyos cuernos estaban enredados en un matorral cercano. Y una vez más, el Señor reitera su promesa a Abraham: «En tu simiente serán bendecidas todas las naciones de la tierra» (Gn 22:18).

Esta simiente, esta descendencia mediante la cual serían bendecidas todas las naciones, no era Isaac. Tampoco lo fueron los nietos ni los bisnietos de Abraham. Aquella simiente o descendencia es Jesús, que fue ungido por Dios como el Mesías o el Cristo. El monte Moriah, donde Abraham construyó su altar, sería el mismo lugar en que Salomón construiría más tarde el templo, donde estaba el altar del sacrificio (2 Cr 3:1). Justo afuera de Jerusalén, visible desde el monte Moriah, este tan esperado Hijo de Abraham sería fijado a la cruz con clavos, y levantado y ofrecido como sacrificio. En vez de que un carnero ocupara su lugar como sacrificio, Jesús sería sacrificado ocupando el lugar de toda la humanidad. Tal como aquel carnero quedó atado al matorral por los cuernos, Cristo, el cordero de Dios, sería atado a la cruz. Haciéndose eco del lenguaje de Génesis 22, Pablo dirá a los romanos: «El que no negó ni a Su propio Hijo, sino que lo entregó por todos nosotros, ¿cómo no nos dará también junto con Él todas las cosas?» (Ro 8:32). El propio hijo de Abraham fue librado, pero el Padre no libró a su Hijo. Lo entregó por todos nosotros, para que en él recibiéramos la bendición de la vida que Dios había prometido mucho antes a Abraham.

Mientras estamos con Abraham e Isaac en la cima del monte Moriah, viendo cómo, desde un altar ardiente, asciende el humo de un carnero —un carnero sacrificado en lugar del hijo prometido—, nuestra vista se extiende a las generaciones venideras. Desde este monte miramos hacia un templo y, finalmente, hacia una cruz, hacia donde nuestra historia de salvación nos conduce.

Nos tomará algo de tiempo llegar hasta allí, pero, como hemos aprendido, no adoramos a un Señor que tenga prisa.

Capítulo 4

El hombre talón se convierte en el que lucha con Dios y en la cabeza de la nación escogida

No pierdas de vista al personaje que ahora ocupa el asiento del conductor. Es alguien a quien no deberías dar la espalda. Este tipo sería capaz de engañar al polígrafo, es el único hombre de la historia que subió al ring para pelear con Dios, celebra cuatro aniversarios de boda cada año y —escucha esto— es la cabeza de la «Iglesia» del Antiguo Testamento. Decir que es un hombre interesante es quedarse muy corto. Al entrar en Génesis 25, viajamos con Jacob, también conocido como Israel. Y vaya qué viaje es.

La historia, la literatura y el entretenimiento hacen gala de muchos tríos famosos. Están *Los tres mosqueteros*, personajes de la clásica novela de Alejandro Dumas; los cómicos Moe, Larry y Curly, de los Tres Chiflados; y Harry, Ron y Hermione, de la serie *Harry Potter*. La Biblia tiene sus propios tríos. En el Nuevo Testamento, Jesús destaca en múltiples ocasiones a Pedro, Juan y

Jacobo. Y asimismo, en el Antiguo Testamento, oímos hablar de las aventuras y desventuras del trío de patriarcas: Abraham, Isaac y Jacob.

En el capítulo anterior, viajamos junto a los dos primeros miembros de este trío: el viejo Abraham y su anhelado hijo Isaac. Ahora bien, Isaac es un poco diferente. La Biblia, más que centrarse en el hombre mismo, se centra en el hecho de que es hijo de Abraham y padre de Jacob. No quiero faltar el respeto a Isaac, pero, siendo sinceros, aunque su nombre signifique Risa, comparado con su padre y su hijo es una especie de bostezo. Sin duda, tiene sus momentos álgidos: es casi sacrificado (aunque ese relato habla más de Abraham que de Isaac), se casa con la hermosa y astuta Rebeca (ya hablaremos más de ella) y trata de hacer pasar a su esposa por su hermana (como su padre lo había hecho [¡dos veces!] con su madre). Sin embargo, en general, su padre Abraham y su hijo Jacob son personajes más polifacéticos e interesantes, con historias más largas que contar.

Conocemos a Jacob antes de que siquiera sea Jacob; es un bebé sin nombre, en el vientre, junto a su hermano mellizo. En este primer encuentro, aprendemos sobre él algo que marcará la mayor parte de su vida: es un alborotador desvergonzado. Ya en el vientre materno, está en conflicto con su hermano (Gn 25:21-23). Su contienda llega a ser una carrera por ser el primero en salir del canal del parto. Jacob nace con sus diminutos dedos agarrando el talón de su hermano, como si intentara arrastrarlo de vuelta al vientre materno. Así es, de hecho, como Jacob obtiene su nombre: en hebreo es *Yaakób*, que significa «talón». Su hermano, que nace primero, está cubierto de pelo rojo. Así es como obtiene su nombre, Esaú, palabra similar al término hebreo que significa «peludo».

Querido mundo, te presentamos a los hermanos Peludo y Talón, Esaú y Jacob.

La vida de Jacob puede dividirse fácilmente según sus códigos postales. Primero, su hogar se encuentra en Canaán, con Isaac, Rebeca y Esaú. Segundo, durante dos décadas, vive exiliado en Mesopotamia, en un lugar llamado Harán. Allí se casa con dos esposas hermanas, adquiere dos coesposas, y con estas cuatro mujeres empieza a engendrar un montón de niños. Tercero, después del exilio, monta otra vez su tienda en Canaán. Y finalmente, en la última etapa de su vida, vuelve al exilio, esta vez en Egipto, donde muere a la avanzada edad de 147 años (dejaremos esto para el próximo capítulo). Pero no dejes que este esquema aparentemente claro y bien delineado te engañe; Jacob lleva una vida tortuosa y desordenada, llena de más bajos que altos.

Durante las primeras décadas de su vida, Jacob vive con un propósito central. Y ese propósito hace honor a su nombre. *Yaakób* («Talón») también está relacionado con el verbo hebreo que significa agarrar a alguien por los talones para hacerlo tropezar, entorpecerlo o traicionarlo. Me crié como vaquero en Nuevo México y Texas, participando en el pasatiempo de enlazar novillos junto a mi padre y sus amigos. El «cabecero» ataba los cuernos del novillo, y el «talonero» las patas traseras, básicamente deteniendo al animal y a menudo haciéndolo tropezar. Jacob era pastor, no vaquero, pero tenía bastante de «talonero». Estaba decidido a «talonear» a su hermano mayor, Esaú.

Sigue el rastro del dinero, y te darás cuenta de lo que dirigía a Jacob en esta cruzada de taloneo. Normalmente, en esta sociedad antigua, el hijo mayor recibía el doble de herencia que su(s) hermano(s) menor(es). Y, a la muerte del padre, el hijo mayor se convertía también en la cabeza de la familia. Impulsado por la ambición y la codicia, privado de ser el mayor el día en que nació, Jacob intentó invertir este orden mediante engaños, manipulaciones, mentiras y puñaladas por la espalda.

Finalmente, lo consiguió, en dos etapas. Primero, un día que Esaú regresaba de una cacería, cansado y hambriento, Jacob le dijo, básicamente: «Hermano, déjame decirte algo. Te daré un plato de sopa si tú me das tu primogenitura como hijo mayor». Si Jacob negoció egoístamente, Esaú aceptó estúpidamente. El intercambio se hizo.

Más tarde, Jacob obtuvo plenamente lo que había tramado conseguir con intrigas. Estando Isaac viejo y casi ciego, le dijo a Esaú que matara un venado, le asara un filete, y que luego lo bendeciría. Esto otorgaría irrevocablemente a Esaú la bendición del primogénito. El hijo favorito de Isaac siempre había sido Esaú, mientras que el favorito de Rebeca era Jacob. Así que, habiendo escuchado esta conversación a escondidas, la astuta Rebeca trabajó rápidamente con su hijo Jacob para llevar a cabo el primer incidente documentado de suplantación de identidad. Jacob se vistió con la ropa de su hermano, que olía a aire libre; su madre le cubrió las manos y el cuello con pelo de cabra, para que parecieran ser los de Esaú; y luego preparó una comida a base de cabra haciendo que supiera a venado (¡todo un logro culinario!). Cuando Jacob compareció ante su padre ciego, este hijo menor mintió descaradamente, diciéndole que era Esaú. Metafóricamente, el viejo Isaac olió algo sospechoso, pero literalmente, olió también la ropa de Esaú, así que finalmente abrió su boca para pronunciar la bendición patriarcal. Jacob, el hijo menor, salió de la tienda llevando consigo la bendición del hijo mayor. Y, puesto que las bendiciones no pueden desbendecirse, aun cuando Esaú descubrió lo que había hecho su hermano, ya no había marcha atrás para Isaac. Lo dicho, dicho estaba.

Ahora bien, esto podría parecernos un lío familiar altamente disfuncional. Y lo es. Sin duda alguna. Hermano contra hermano. Hijo engañando a padre. Esposa engañando a esposo. Mamá y papá teniendo hijos preferidos. Sin embargo, detrás de todo esto se esconde la mano invisible de Dios, haciendo su voluntad, y poniendo en marcha su plan a largo plazo. Verás, cuando Esaú y Jacob aún estaban en el vientre materno, el Señor le había dicho a Rebeca que no solamente ambos niños llegarían a ser cabezas de naciones, sino que habría una inversión: el mayor (Esaú) serviría al menor (Jacob). Vemos esto reiteradamente en la Biblia: en la superficie, la gente parece estar echándolo todo a perder, esparciendo mentiras, robando, haciendo daño, actuando de manera egoísta y rebelándose contra todos los buenos dones de Dios. Y ¿qué hace el propio Dios? Utilizando a personas débiles y situaciones decididamente terribles, orquesta cuidadosamente los acontecimientos para sacar de ellos cosas buenas e impulsar su plan de salvación. Así que nunca imagines que Dios no puede tomar nuestro peor desastre y, a su manera, divina y amorosa, sacar algo bueno de él. Él ha jugado este juego misericordioso desde que existe la humanidad.

La forma en que Dios convierte la basura en un tesoro se hace evidente a lo largo de la vida de Jacob. Como su hermano Esaú lo amenazaba con matarlo, Jacob se fue al noreste, a la tierra de los parientes de su madre. Al comenzar esta larga caminata, el Señor se le apareció en una gran visión nocturna que incluyó la famosa «escalera al cielo». Le dijo a Jacob: «Yo estoy contigo. Te daré esta tierra. Estaré contigo en el exilio y te traeré de vuelta a casa» (*cf.* Gn 28:13-15). Y lo que es más importante, el Señor le dice a Jacob que en su simiente o descendencia serían bendecidas todas las naciones de la tierra. Esta «descendencia» es la que se promete a Adán y Eva en Génesis 3:15; aquella que aplastaría la cabeza de la serpiente. Así, la promesa hecha a nuestros primeros padres pasó de Adán a Noé, a Abraham, a Isaac y ahora a Jacob.

Durante veinte años, Jacob vivió con los parientes de su madre en Harán. ¡Y fue un período salvaje! Se enamoró perdidamente de Raquel; fue engañado en su noche de bodas (¿porque estaba borracho?) para que se acostara con Lea, hermana mayor de Raquel, y se casara con ella; unos días después se casó con Raquel; y, más tarde, tomó a sus criadas como coesposas. Nacieron bebés y más bebés, de modo que, cuando se marchó, era padre de once hijos y (al menos) una hija. También llegó a ser rico, con rebaños, manadas y sirvientes. Se había marchado sin otra cosa que un bastón en la mano; volvió a casa como el equivalente de lo que hoy sería un director ejecutivo millonario. ¿Por qué? ¿Porque era un buen tipo? No, porque el Señor, solo por misericordia, decidió bendecirlo.

Cuando él y su comitiva estaban casi de regreso en Canaán, el Hijo de Dios tomó temporalmente la forma de un hombre y se cruzó en el camino de Jacob mientras este pasaba una noche en soledad. Lucharon toda la noche. Al amanecer, el Señor le dio a Jacob un nombre adicional: lo llamó, en hebreo, *Yisrael*, que significa «El que lucha con Dios». Jacob había luchado con Dios, y Dios lo había dejado ganar. Este hombre, *Yisrael* —o, como lo conocemos en español, Israel—, encarnaba al pueblo de Dios que vendría de él: la nación de Israel. Un día, la lucha entre Dios el Hijo e Israel se repetiría en Jerusalén, cuando el pueblo de Dios, unido a los romanos, volviera a luchar con el Hijo de Dios. Lo crucificarían, y Dios los dejaría ganar esta batalla culminante. Y, al hacer esto, ganaría la salvación para toda la humanidad.

El Señor nunca teme perder cuando eso significa que sus hijos ganarán lo que él siempre quiso que tuvieran.

En los años de vida que le quedaban, Jacob no tuvo la posibilidad de instalarse con relativa tranquilidad en una comunidad de jubilados, jugando al golf y bebiendo martinis. Se reconcilió con Esaú, que mucho tiempo antes ya había enterrado el hacha de guerra y había perdonado a su hermano mellizo. Sin embargo, no pasó mucho tiempo antes de que, más cerca de casa, las cosas se torcieran en la vida de sus propios hijos. Su hija fue violada y secuestrada. Sus hijos masacraron a los hombres de la ciudad en que se cometió el crimen. Jacob tomó la ridícula decisión de dar la «túnica de muchos colores» a su hijo José. Esto precipitó una serie de acontecimientos que alteraron su vida y culminaron con la venta de José como esclavo y la simulación de su muerte para engañar a su anciano padre. Puede que Jacob recibiera un nuevo nombre, pero seguía teniendo los mismos problemas de siempre: una paternidad deficiente, caos familiar, decisiones estúpidas, y mucho dolor y remordimiento. En otras palabras, Jacob se parecía mucho a nosotros que, como una versión inversa de Midas, tenemos el don de transformar las cosas en barro o en algo peor.

No obstante, al igual que nosotros, este patriarca adora al Dios que no teme al barro ni al estiércol, que nunca se rinde ni siquiera con la peor de las familias, que levanta a los caídos, cura a los heridos y, a menudo, realiza su obra más esperanzadora en nuestras vidas cuando suponemos que toda esperanza está perdida. Profundizaremos más sobre esto, en lo que respecta a Jacob, en el próximo capítulo dedicado a José, donde (¡por fin!) saldremos de la carretera interestatal de Génesis y dejaremos que nuestras ruedas rueden por la autopista del Éxodo.

¡Viajar a dedo con Jacob es «interesante», por decirlo suavemente! Para mí, es uno de los individuos más frustrantes y cautivadores de la Biblia. ¿Es un espléndido ejemplo moral? Difícilmente. ¿Es un buen padre, un buen marido, un buen hermano y un buen hijo? Sería difícil defender que lo es. Pero ¿cree en el Señor? Sí, sin duda. Y ¿fue llamado, bendecido y utilizado por el Señor para transmitir la promesa de la simiente o descendencia venidera? ¡Por supuesto que sí!

Este individuo, con una biografía manchada y una familia fracturada, fue Israel el hombre y el patriarca de la nación de Israel. Como tal, fue el padre de la «Iglesia» del Antiguo Testamento, la comunidad de Dios. La historia de la salvación, que alcanza su cumbre en Jesús, avanza cojeando con Jacob. Y su cojera, de manera muy similar a la nuestra, no es un impedimento para que nuestro Señor nos use, pues él se especializa en los pecadores quebrantados y vacilantes. De hecho, no se avergüenza de ser llamado Amigo de los pecadores.

Capítulo 5

José, un muerto sumamente exitoso

El joven que nos recoge en este capítulo apenas tiene edad para conducir. Tiene diecisiete años. Pero lo que a José le falta en años, lo compensa con sabiduría. Tiene «alma de viejo», podríamos decir. Sin embargo, nos espera un viaje lleno de sobresaltos, pues la vida de este joven entra en una espiral descendente para luego ascender como un cohete tras tocar fondo en Egipto a los 30 años. Entre sus sueños, esclavitud, seducciones, encarcelamiento y éxito político, José vivió una vida que a cualquier narrador le encantaría contar. Sube, pues, y prepárate para un viaje que nos llevará de Canaán a Egipto, y hasta el final de Génesis.

Cuando Albert Einstein era un niño de jardín de infancia, nadie dijo: «¿Ves a ese chico? De mayor, su nombre será muy conocido en todo el mundo». ¿Cómo alguien habría podido saberlo? Lo mismo podría decirse de William Shakespeare, Abraham Lincoln, Nelson Mandela o cualquier líder, autor o deportista de renombre. La grandeza tarda en surgir. Cuando Lionel Messi tenía diez años, la gente no lo apodaba «el mejor de todos los tiempos».

El joven que es la figura central de la última sección de Génesis creció para alcanzar la grandeza; se convirtió en el segundo hombre más poderoso de Egipto. Sin embargo, en su caso hubo algunos indicadores tempranos y tenues de las alturas finales a las que un día llegaría. Estos indicadores llegaron en forma de sueños. De hecho, cuanto más estudias la Biblia, más te das cuenta de lo vitales que eran los sueños en la comunicación de Dios con su pueblo.

Cuando José era el equivalente a un estudiante de primer año de secundaria, tuvo dos sueños paralelos, uno en el que sus hermanos (simbolizados por gavillas de trigo) se inclinaban ante él, y otro en el que sus hermanos *y padres* (simbolizados por el sol, la luna y las estrellas) se postraban ante él. Cuando tuvo estos sueños y se los contó a su familia, probablemente la extrañeza que estos sueños le causaron fue tan grande como el odio que provocaron en sus hermanos. Sin embargo, en poco tiempo, aquellos sueños parecieron no ser más que la fantasía de un niño tonto a medida que la vida de José se fue convirtiendo en una pesadilla.

¿Qué sucedió? Bueno, hubo envidia, odio, malicia, mentiras y un secuestro. En el capítulo anterior, mencionamos la docena de hijos que Jacob engendró a través de su miniharén de cuatro esposas. Pero nos saltamos un detalle crucial: la esposa amada y favorita de Jacob era Raquel. Raquel tuvo solamente dos hijos, ambos varones: José y Benjamín (ella murió durante el parto de este último). Puesto que José era el hijo mayor de la esposa escogida, era también el favorito de papá. Toda la familia sabía cuánto lo quería. Y si todavía quedaba alguna duda, esta se disipó cuando Jacob le regaló a José un traje elegante (tradicionalmente traducido como la «túnica de diversos colores»). Ahora bien, puede que estés pensando: «¡Espera! ¿No tenían también hijos favoritos los padres de Jacob?». Ah, por supuesto que sí; Isaac amaba a Esaú, mientras que Rebeca amaba a Jacob. Pero una generación que repite los mismos errores que sus padres —una realidad moderna con la que todos estamos demasiado familiarizados— es algo tan viejo como andar a pie. No hay nada nuevo bajo el sol.

No necesitamos ser profetas para predecir que los hermanos de José no se encogerían de hombros ante el trato preferente dado por su padre. El atuendo del adolescente, que parecía decir «mírenme», más sus dos sueños de supuesta supremacía sobre ellos en el futuro —sin mencionar el hecho de que se los restregó en la cara, *asegurándose de que conocieran sus sueños*—, bueno, todo eso sacó de quicio a los hermanos de José. No solo despreciaban a su hermano menor o lo censuraban, sino que lo odiaban a muerte. De hecho, sentían una ira tan intensa que estuvieron a punto de matarlo.

Así comenzó la lenta y dolorosa muerte de José. La palabra «muerte» puede parecer extrema, pero es la que mejor resume los siguientes años de su vida. No, José no acabó como un cadáver, pero fue como si cada día le hubieran cortado trozos importantes de su identidad y los hubieran arrojado a la tumba: su conexión con su familia; su patria; su buen nombre; su libertad. Cada vez que pensamos que las cosas no podrían empeorar para él, lo hacen. De hecho, en retrospectiva, sus sueños juveniles parecen convertirse en una especie de burla engañosa. En lugar de ser alguien ante quien los demás se postran, él mismo es postrado por

la traición, las cadenas, la falsa acusación y el encarcelamiento. José adquirió un doctorado en, como diría el
Nuevo Testamento, «tomar su cruz y seguir a Jesús».
Sin embargo, como hemos visto en capítulos anteriores,
en la tierra de sombras del sufrimiento de su pueblo,
el Señor de la luz estaba actuando secretamente, utilizando los escombros de la desesperación humana para
construir un vasto edificio de esperanza.

El primer episodio de la larga muerte de José, a
través de los años, comenzó cuando Jacob lo envió a
ver cómo estaban sus hermanos, que pastoreaban las
ovejas de la familia. Apenas se presentó en su campamento, lo capturaron, le arrancaron su repugnante
túnica y lo arrojaron a un profundo pozo para retenerlo
de manera segura. Algunos querían degollarlo y acabar con «el soñador», pero el hermano mayor (Rubén)
quería librarlo. Al final, triunfó la sugerencia del hermano Judá: propuso que vendieran a José como esclavo
a una caravana de mercaderes que pasaba por allí. Eso
hicieron. Por unas pocas piezas de plata, vendieron su
propia carne y sangre. Luego, añadiendo a sus actos una
diabólica capa extra de repugnancia, cogieron la túnica
de José, la salpicaron con sangre de cabra y la enviaron
a su padre como «prueba» de que su amado y predilecto
hijo adolescente había sido despedazado por una bestia
salvaje. Jacob, que había engañado a su padre, fue él
mismo engañado por sus propios hijos. Con el corazón
roto, y ahogado por la desesperación, este padre se hun-
dió en una tristeza de medianoche que solo puede ser
comprendida por un padre que ha enterrado a un hijo.

¿Y José? Se adentró en un extraño laberinto de la
vida, en donde, tras cada esquina, no sabía si se enfren-
taría a la sonrisa de un amo aprobador o al rugido de

un león hambriento. Acabó en Egipto, con la caravana de mercaderes a la que había sido vendido. Y allí, a su vez, fue vendido a Potifar, un funcionario del Faraón. Al principio, José asombró a todos, especialmente a su jefe. Si Jacob, el padre, era un Talón, José, el hijo, era una Cabeza. Y, muy pronto, Potifar lo ascendió para ser cabeza o supervisor de toda la casa. ¿Cuál era el secreto del éxito de José, aun siendo esclavo? No tenía nada de secreto: «Pero el Señor estaba con José, que llegó a ser un hombre próspero, y [...] el Señor hacía prosperar en su mano todo lo que él hacía» (Gn 39:2-3). Por fuera, José era esclavo, pero por dentro, era un hombre libre, perteneciente al Señor: libre para trabajar duro, con sabiduría, sacrificio, fidelidad y éxito, a pesar de haber sido arrancado de todo lo que había conocido.

Justo cuando la vida de José estaba (más o menos) recomponiéndose, se vino abajo. De nuevo. Se nos dice que José era un joven apuesto y de buena figura. Agradable a los ojos, como decimos. Y los ojos de la mujer de Potifar estaban definitivamente puestos en él. No pasó mucho tiempo antes de que ella intentara llevarlo a su cama. Él se negó. Ella volvió a intentarlo. Él se negó. Ella insistió. Él siguió negándose. Finalmente, un día, la mujer de Potifar agarró a José por la ropa y le dijo: «¡Ten sexo conmigo!». Cuando él huyó de sus manos, dejó atrás su ropa exterior. Esta mujer despechada, entonces, al igual que los hermanos de José, utilizó su ropa como «prueba». Le dijo a su marido que el siervo hebreo la había agredido sexualmente y que, cuando ella había gritado, él había huido, dejando atrás su ropa. Furioso, Potifar metió a José en la cárcel. De hijo a esclavo, de esclavo a delincuente (falsamente acusado), de delincuente a recluso en un calabozo egipcio, José descendió y descendió cada vez más.

El «fondo» que José tocaría estaba aquí, en la cárcel. Pero fue también aquí donde, con el tiempo, su largo descenso se convirtió en un rápido ascenso, y su «muerte», en una «resurrección». Al igual que en casa de Potifar, aquí, en esta casa de servidumbre, José se destacó como un joven especialmente dotado. ¿Por qué? Por la misma razón que antes: «... el Señor estaba con José, [y] le extendió Su misericordia» (Gn 39:21). Este es un recordatorio necesario para nosotros de que, en la vida de los creyentes, los tiempos difíciles no son evidencia de que el Señor nos ha abandonado o ya no nos ama. Son tiempos en que se nos acrisola y pone a prueba. Nuestro Padre nos hace decrecer a fin de que él pueda aumentar en nosotros; nos vacía de nuestro ego para ser él quien llene ese vacío. Así sucede con nosotros; así ocurrió con José. Pronto, el jefe de la prisión, observando los dones de José, lo puso a cargo de todos los presos.

En este momento, el tema de los sueños vuelve a aparecer en la narración, y lo hace de un modo extraordinario. Dos de los compañeros de prisión de José, ambos antiguos siervos del Faraón, tienen sueños que José interpreta correctamente. Uno de ellos, el copero, cuando es liberado y asume nuevamente su puesto al servicio del rey, se convierte finalmente en la llave que abre la puerta del futuro de José.

Esto es lo que sucede. Una noche, el Faraón tiene dos sueños inquietantes (¿ves con cuánta frecuencia las cosas aparecen de a dos, en esta historia?). Estos sueños lo perturban tanto que convoca a todos sus magos y sabios, pero ni uno solo puede interpretar los sueños. Finalmente, el copero interviene para decir: «Oiga, rey, yo conozco a un tipo». Ese «tipo», por supuesto, es nuestro amigo José.

Con una rapidez que debió de resultar chocante, José fue sacado de la cárcel, se duchó, se afeitó, se presentó ante la corte real, escuchó los dos sueños del rey y ofreció una interpretación precisa: una devoradora hambruna de siete años se acerca a Egipto como un bólido. Asombrado e impresionado por la sabiduría de José, así como por sus planes de preparación para enfrentar la hambruna, el rey lo nombra inmediatamente su virrey. En un enorme período de 24 horas, este prisionero pasa de la muerte a la vida, del abismo a la cúspide. De este modo, José es un arquetipo del propio Jesús, una imagen de la muerte y la resurrección.

Los capítulos de Génesis que resumen los años siguientes están llenos de acción y emoción. Comienzan los preparativos. Empieza el hambre. Y las cosas se ponen feas, feas como el hambre, en todos los países circundantes. Como un solo oasis en el desierto, Egipto es el único que tiene comida. Y, en un día memorable, ¿qué familia hambrienta aparece en la corte de José? ¿Qué grupo de hermanos se inclina ante él? Como un sueño hecho realidad (¡literalmente!), ahí están los hermanos de José, perdidos hace tanto tiempo, postrados ante él. Solo que no tienen idea de que este «egipcio» es su hermano menor. Ya tiene más de treinta años; la última vez que lo vieron tenía diecisiete. Luce, habla y actúa como un príncipe egipcio.

El drama que sigue es una lectura fascinante. José somete a sus hermanos a duras pruebas para descubrir si siguen siendo los traidores antifraternales que habían sido casi dos décadas antes. Cuando el cuarto hermano, Judá, el mismo que había ideado el plan para venderlo como esclavo, actúa desinteresadamente arriesgando su propia vida, José toma una decisión. En un momento asombroso, revela su verdadera identidad: «¡Soy José, su hermano!». Aunque al principio quedan estupefactos (¿cómo no iban a estarlo?), los hermanos abrazan a José, todos lloran, y pronto se ponen en marcha planes para trasladar a toda la familia de José, incluido Jacob, su anciano padre, a la tierra del Faraón, donde hay comida en abundancia.

En los últimos capítulos de Génesis, cuando la numerosa familia de Jacob empaca y se instala en Egipto, padre e hijo se abrazan en un emotivo reencuentro. Durante todo el tiempo en que Jacob había pensado que José estaba muerto, Dios estaba utilizando a José para salvar la vida de Jacob y de todos los demás. Oh, la ironía divina. Esa ironía de cómo Dios actúa en este mundo de manera misteriosa, oculta y lenta es uno de los temas principales de la vida de José.

José lo explicará así a sus hermanos: «Dios me envió delante de ustedes para preservarles un remanente en la tierra, y para guardarlos con vida mediante una gran liberación. Ahora pues, no fueron ustedes los que me enviaron aquí, sino Dios» (45:7-8). Más tarde, lo dirá así: «Ustedes [mis hermanos] pensaron hacerme mal, pero Dios lo cambió en bien para que sucediera como vemos hoy, y se preservara la vida de mucha gente» (50:20).

Todos esos años en los que José estuvo soportando una especie de muerte en vida, sin que él lo supiera en ese momento, el Señor lo estaba preparando para preservar la vida de personas.

Esto es crucial para entender al Dios de la Biblia: si quieres verlo trabajar, quítate los ojos y ponlos en tus oídos. Así lo expresó uno de mis maestros, Kenneth Korby. Y qué cierto es. ¿Qué cosas vemos a

José atravesar? Traición, cadenas, una acusación falsa, encarcelamiento, degradación. Pero ¿qué escuchamos? El Señor está con él, lo ama, y lo bendice. Solo tras la «resurrección» de José todas las cosas comienzan a tener sentido. Tenemos que poner nuestros ojos en nuestros oídos, es decir, ver a través de lo que oímos; ver la actividad de Dios en este mundo por medio de lo que habla y no por las realidades contradictorias que tenemos ante los ojos.

Todo esto nos prepara para ver cómo actúa nuestro Padre en la vida de Jesús, a quien podemos considerar como el Gran José. ¿Qué ven nuestros ojos, especialmente en la muerte de Jesús? Traición, látigos, clavos, acusaciones falsas, degradación, escupitajos, burlas, y mucha, mucha sangre. Allí cuelga un condenado, desnudo y jadeante, ejecutado públicamente. Nuestros ojos dicen: es un fracasado, un perdedor, una causa perdida. Pero nuestros ojos están mintiendo. La verdad es dicha por nuestros oídos, pues de él hemos oído que su crucifixión es la forma en que muestra su gloria. Su derrota es una victoria sobre el pecado. Mientras cuelga desnudo, él viste al mundo con amor. Tras la resurrección de Jesús, todo esto empieza a tener sentido cuando Cristo abre las mentes de sus discípulos para que vean cómo todo estaba predicho en el Antiguo Testamento.

Pidamos a José que detenga el automóvil para poder salir de este capítulo, pero hagámoslo señalando un último detalle que no tiene nada de menor. Al final de su vida, Jacob pronunció palabras proféticas sobre cada uno de sus hijos. Hablando de Judá, su cuarto hijo, dijo que la simiente prometida, el Mesías, procedería de su linaje (49:8-12). De su tribu surgiría el Rey, a quien la Biblia llama más tarde «el León de la tribu de Judá»

(Ap 5:5). Volveremos a esto en un capítulo posterior, así que por ahora guárdalo. La promesa de Jesús sigue ahí, sigue avanzando, y sigue desarrollándose en la larga y fiel historia de salvación de Dios.

Capítulo 6

Zarzas ardientes y mares divididos

Sé lo que han estado pensando: Vaya, ¿alguna vez vamos a dejar Génesis en el retrovisor? Bueno, finalmente lo hicimos. Pero tuvimos que recorrerlo lentamente porque, en un sentido, toda la Biblia se basa en esos relatos iniciales. Podríamos referirnos al resto de las Escrituras como la «Continuación de Génesis». Al volante del vehículo que nos recoge en la frontera entre Génesis y Éxodo hay un hombre curtido y con barba. Él nos llevará hasta el final de Deuteronomio y nos dejará en la frontera de la tierra prometida. Y se trata, sin lugar a dudas, de una de las tres personas más importantes de toda la historia humana. Amigos, les presento a Moisés.

Detén a una persona común en la calle y pregúntale: «¿Qué palabra asocias con Egipto?». Mi corazonada es que nueve de cada diez personas dirían: «Pirámides». No obstante, si detuvieras al israelita común en las calles de Jerusalén y le preguntaras: «¿Qué palabra asocias con Egipto?», apuesto a que nueve de cada diez (¡o los diez!) dirían: «Esclavitud». Para nosotros, «Egipto» suscita asombro; para ellos, evocaba dolor. Recordaban cadenas paralizantes y deshumanizadoras.

En el centro de la confesión de los israelitas, en las propias palabras que preceden a los diez mandamientos, Dios dice a su pueblo: «Yo soy el Señor tu Dios, que te saqué de la tierra de Egipto, de la casa de servidumbre» (Éx 20:2). Esa es la confesión básica de quién es Dios para Israel. Y si el Señor liberador está en el centro de su creencia, entonces también está en el centro el hombre por medio del cual Dios llevó a cabo esta liberación misericordiosa: Moisés.

Moisés hizo fácil para nosotros recordar el triple esquema básico de su biografía. Desde su infancia hasta la edad de cuarenta años, vivió en Egipto como miembro adoptivo de la familia real. De los cuarenta a los ochenta, vivió con la familia de su esposa en el remoto desierto, donde fue pastor. Y de los ochenta a los ciento veinte, fue el salvador, líder y maestro de Israel mientras vagaban por el desierto. Aunque conocemos algunos detalles de esos primeros ochenta años, tenemos nada menos que cuatro libros sobre las últimas cuatro décadas de su vida. Esos cuatro libros son Éxodo, Levítico, Números y Deuteronomio. Junto con Génesis, estos cinco libros se conocen con el nombre hebreo de Torá (que significa «enseñanza») o el nombre griego de Pentateuco («cinco libros»).

Cuando bajamos del vehículo en el capítulo anterior, todo iba viento en popa para el pueblo de Dios. José era el equivalente egipcio del vicepresidente. El Faraón dio puestos directivos a los hermanos de José. Y la familia extendida se estableció en una sección de Egipto llamada Gosén. Allí, los maridos y las mujeres comenzaron a tener montones y montones de bebés, por lo que los setenta miembros originales de la familia de Jacob que llegaron a Egipto se expandieron exponencialmente. Israel creció. Y, con el tiempo, Israel también se hizo notar, y no en un buen sentido.

Escucha estas ominosas palabras: «Se levantó sobre Egipto un nuevo rey que no había conocido a José» (Éx 1:8). De lo que sí tenía conocimiento —o creía tenerlo— era de que estos hebreos representaban una amenaza para la seguridad nacional. ¿Y si un enemigo atacaba Egipto y los israelitas se aliaban con los invasores? ¿Qué ocurriría entonces? Así que el gobierno puso en marcha una serie de acontecimientos calculados para debilitar y desmoralizar a Israel. ¿Esclavización? Sí. ¿Trabajos forzados? Sí. ¿Infanticidio obligatorio de los israelitas varones? Trágicamente, sí. Todos los varones recién nacidos debían ser arrojados al Nilo.

Aquí entra Moisés en el escenario bíblico. Cuando nació, su madre lo escondió por tres meses y luego lo dejó flotando en el Nilo al interior de una pequeña cesta de mimbre (en hebreo, llamada «arca»). Lo descubrió la hija del Faraón, que le dio un nombre y lo adoptó. Poco se imaginaba el Faraón que un día ese niño criado bajo su techo haría que el techo cayera sobre Egipto.

Aquí, como en otras partes, vemos a Dios trabajando a su manera, lentamente y en silencio. Moisés sería educado. Observaría la conducta de los líderes egipcios. Este muchacho, que cuando fuera adulto escribiría cinco libros de la Biblia y dirigiría a los israelitas, pondría en práctica lo que el Señor, en su ingenio divino, habría hecho posible. Dios se las arregló para que el enemigo orquestara su propia caída futura. De manera similar, Jesús sería atacado, arrestado, juzgado y condenado a muerte, tal como todos los poderes del infierno querían que sucediera. Sin embargo, en su muerte, Cristo destruyó la muerte, demolió el pecado, y aplastó la cabeza de la Serpiente con su talón. El mal siempre cae en las fosas que cava con sus propias manos.

Cuando Moisés tenía unos cuarenta años, mató a un egipcio que estaba golpeando a un esclavo israelita. Luego huyó del largo brazo de la ley, viviendo como prófugo por cuatro décadas en la península del Sinaí, pobre en agua y rica en arena. Se casó con una lugareña llamada Séfora. Tuvo dos hijos. Cuidó de los rebaños de su suegro. Sin duda era una vida sencilla. Tal vez Moisés estaba satisfecho ganándose la vida a duras penas en este árido lugar perdido. Por cuarenta años había sido Alguien, y por los siguientes cuarenta había sido relativamente un Nadie. Llegaría a su crepúsculo siendo un tipo corriente. Y así podría haber sido, si Dios no se hubiera presentado en su puerta —o, mejor dicho, en una zarza ardiente— con un enorme trabajo para este octogenario.

En el Antiguo Testamento, el Padre enviaba frecuentemente a su Hijo como mensajero (en hebreo, *malak*) para dar una orden o una palabra de consuelo a su pueblo. Desgraciadamente, las traducciones bíblicas traducen *malak* como «ángel», así que ten presente que simplemente significa «mensajero». En otras palabras, ¡no confundas al Cristo divino con un ángel creado! El mensajero que el Padre envió a Moisés fue Jesús. Apareció en un monte llamado Horeb y Sinaí (mismo lugar, diferentes nombres), al interior de una misteriosa zarza ardiente, con una tarea hercúlea para este pastor. Debería volver sobre sus pasos hasta Egipto, decirle al Faraón que firmara una proclamación de emancipación para los israelitas, y pastorear al pueblo de Dios hasta este mismo monte, y luego hacia la tierra de Canaán, donde habían vivido Abraham e Isaac. En otras palabras, el Señor estaba enviando a Moisés a (lo que parecía ser) una Misión Imposible.

Tras soltar una larga cadena de excusas sobre por qué no era el indicado para este trabajo, Moisés finalmente se rindió a la férrea voluntad del Señor. Durante esta misma conversación, el Hijo de Dios también le dijo a Moisés su nombre personal, Yahvé (las traducciones más recientes lo escriben como «Señor», en mayúsculas, para distinguirlo de otros títulos hebreos que se escriben como «Señor»). Y luego, Moisés, en compañía de su hermano mayor Aarón, se dirigió a Egipto.

En aquella época, el Faraón no era considerado simplemente como un hombre poderoso, sino como un dios. La receta perfecta para la arrogancia. Y, en efecto, cuando Moisés y Aarón le transmitieron el mensaje de Yahvé, este «dios» engreído no solo les espetó un «¡No!», sino que castigó a los israelitas esclavizados por querer liberarse. Esto, a su vez, desencadenó una guerra: Yahvé contra los dioses de los egipcios.

Como habrás adivinado, las deidades egipcias, incluido el Faraón, pronto fueron golpeadas por el puño todopoderoso del Señor. Estos golpes fueron asestados a través de diez plagas, que fueron desde la transformación del Nilo en sangre, a una invasión de ranas sobre la tierra, culminando con la muerte del primogénito en cada hogar egipcio. Con esa última plaga, Dios dio inicio a lo que se convertiría en la celebración primaveral anual denominada Pascua. Se sacrificó un cordero, se untaron las puertas israelitas con la sangre, y se cocinó y comió su cuerpo, acompañado de pan sin levadura y hierbas amargas. El pueblo de Dios comió así el cuerpo del cordero sacrificado por ellos, cuya sangre los protegió. De este modo, el cordero pascual prefiguró a Jesús, a quien Juan el Bautista llamó «el Cordero de Dios que quita el pecado del mundo» (Jn 1:29). Y Jesús, este Cordero, en la noche de Pascua, dio pan a sus discípulos y les dijo: «Tomen, coman; esto es Mi cuerpo» (Mt 26:26). En la cena del Señor, por tanto, la Iglesia come el cuerpo del Cordero sacrificado por nosotros en la cruz, cuya sangre nos cubre para hacernos justos a los ojos de Dios.

Durante la noche de la Pascua, mientras los lamentos de las familias egipcias dolientes atravesaban la noche, el Faraón de duro corazón finalmente cedió. Tras siglos de cautiverio, los israelitas fueron libres. Cargados con sus propios bienes, más los tesoros egipcios, partieron hacia una nueva tierra, con los corazones henchidos de una nueva esperanza. Pero en cuanto se alejaron de Egipto, el rey incumplió su promesa. Tal vez comenzó a pensar que acababa de perder la mano de obra gratuita de su nación. Así, convocando a sus tropas, persiguió a los israelitas, atrapándolos a orillas del mar Rojo (más exactamente, en hebreo, el *Yam Suf*, o Mar de Cañas).

En esa masa de agua, el Señor de Israel mostró a su pueblo que todo el deber de salvarlos y redimirlos recaía únicamente sobre sus anchos hombros divinos. Mediante un fuerte viento del este, que sopló toda la noche, partió el mar en forma tal que todo Israel se paseó por donde antes habían nadado los peces, flanqueados por paredes líquidas levantadas a su derecha y su izquierda. Y entonces, cuando el ejército egipcio, encabezado por el rey, tuvo la descabellada idea de seguir al pueblo de Dios, los muros se convirtieron en olas, cayendo para aplastar y ahogar al enemigo. Los egipcios, que habían ahogado a los bebés israelitas en el Nilo, fueron a su vez ahogados en las aguas del mar, mientras que el pueblo de Dios pasó de manera segura.

Aquel día, Israel aprendió una lección eterna: el Señor usa el agua de dos maneras: para matar y dar vida, para salvar y destruir. Cuando Jesús dio a su Iglesia el agua del bautismo —una especie de «mar Rojo» en miniatura—, esa lección adquirió una importancia mayor. En el bautismo, nuestro «viejo yo egipcio», nuestra naturaleza pecaminosa, se ahoga, y del otro lado de ese mar bautismal emerge una nueva persona, una nueva naturaleza, recreada en Jesús. Siendo egipcios, el bautismo nos transforma en israelitas.

Cuando el pueblo del Señor, bajo el mando de Moisés, dejó el mar Rojo para dirigirse al monte donde Dios se había aparecido en la zarza ardiente, caminó con gran esfuerzo a través de un paisaje desolado y árido. Imagina un lugar como el Valle de la Muerte en los Estados Unidos. Las bocas se secaron. Los estómagos gruñeron. Y comenzaron los lamentos. Pese a los rumores infundados que puedas haber oído, el Dios del Antiguo Testamento no es un monstruo tiránico y sanguinario que siempre se desboca en rabietas divinas que dejan decenas de cadáveres esparcidos por el suelo. Es clemente. Es misericordioso. Y es —para utilizar la expresión hebrea— «de nariz larga», es decir, paciente. Un ejemplo: no reaccionó a las insistentes quejas de los israelitas rompiéndoles la cabeza. Por el contrario, desde entonces y hasta que llegaron a la tierra prometida, se convirtió en su chef itinerante y su proveedor de agua. En el suelo apareció un milagroso y sabroso carbohidrato al que los israelitas llamaron «maná» (que, en hebreo, significa cómicamente «¿Qué es esto?»). Este misterioso alimento se convirtió en su pan de cada día. Y cada vez que necesitaban agua, Moisés cogía su vara —la misma con la que había privado de agua a Egipto convirtiendo el Nilo en sangre— y, con ella, hacía brotar agua potable para Israel desde una gran piedra. Pablo escribió más tarde que «bebían de una roca espiritual que los seguía. [Y la] roca era Cristo» (1 Co 10:4). En otras palabras, la fuente en la roca era solo la máscara exterior de la verdadera fuente de su vida actual: el Hijo de Dios. Él nunca abandonó a Israel, sino que lo siguió y, de hecho, lo guió como su guardián y proveedor.

Unos tres meses después de que salieron de Egipto, los israelitas levantaron sus tiendas en el monte Sinaí, donde permanecerían acampados algo más de un año. Alrededor de cincuenta y ocho capítulos bíblicos (desde Éxodo 19–40, pasando por todo Levítico, hasta Números 10) documentan lo sucedido en este monte. Esto significa que aproximadamente un tercio de la Torá relata enseñanzas, revelaciones, acontecimientos y construcciones que tuvieron lugar en el Sinaí. Este hecho no deja lugar a dudas de que se trata de material crucial.

A lo largo del resto de la Biblia, lo dicho y hecho en el Sinaí se citará, aludirá, reutilizará, revivirá y celebrará de diversas maneras. Por ejemplo, a la manera de Moisés, el profeta Elías visitará el Sinaí, donde Dios se le aparecerá como se apareció a Moisés y a todo Israel. El famoso «Sermón del monte» de Cristo imita deliberadamente el «Sermón del monte (Sinaí)» de Moisés. El tabernáculo, construido en el Sinaí, se convertirá en el modelo del templo posterior y, finalmente, del verdadero santuario de Dios: el cuerpo de Jesús, la Palabra de Dios, que se hizo carne y «tabernaculó» entre nosotros

(Jn 1:14). Podríamos decirlo así: en el Sinaí estaba toda la materia prima a partir de la cual se construyeron para Israel enseñanzas, prácticas, fiestas, sacrificios, santuarios, profecías, salmos y mucho más.

Y, lo que es más importante, en el monte Sinaí, el Señor hizo un pacto con Israel. Este pacto —a veces llamado «pacto del Sinaí», «pacto de la ley» o simplemente «antiguo pacto»— estaba basado en la elección de Israel por parte del Señor, en su descripción detallada de cómo ellos debían vivir en este mundo y en los medios que él les proporcionó para purificar y expiar continuamente sus pecados. Y esto es sumamente importante: *este pacto era temporal*. Las leyes jamás fueron, ni podían ser, cumplidas a la perfección. Los sacrificios jamás expiaron, ni podrían jamás, expiar completamente a Israel. Lo que sucedió en el Sinaí fue una preparación para lo que sucedería en la vida y el ministerio de Jesús. Él cumpliría perfectamente la ley por nosotros. Ofrecería el sacrificio perfecto por nosotros. Y nos daría el nuevo y mejor pacto, basado enteramente en su obra, en su ofrenda, en su obediencia y en su gracia para con nosotros.

Puesto que permaneceremos estacionados en el Sinaí durante más de un año, apaguemos el motor y salgamos del vehículo a la arena caliente del desierto. Por el momento, nos alejaremos de Moisés y nos juntaremos con Aarón, su hermano, para ver qué puede enseñarnos sobre tiendas, sacrificios y el sacerdocio.

Capítulo 7

Sangre, fuego y santuario

En este capítulo, nos encontramos estacionados a la sombra del monte Sinaí. El motor está apagado. Así que, para hacer algo diferente, nos apoyaremos en el capó junto a este hombre ataviado con un atuendo extraño. Además tiene sangre en las manos. Sangre de cabra. Sangre de buey. Sangre de sacrificio. Su nombre es Aarón, y es el hermano de Moisés. Es además el sumo sacerdote número uno en Israel. Aarón nos ayudará a ordenar todo este material sobre lo limpio y lo inmundo, el suelo sagrado, los sacrificios de animales y algunos otros asuntos que nos parecen extraños.

Tanto si es la primera vez que abres la Biblia como si llevas años estudiándola, lo más probable es que te rasques mucho la cabeza al llegar a la segunda mitad del Éxodo, donde se habla de los planos del tabernáculo. ¿Y Levítico? Olvídalo. Leído en nuestro idioma, ese libro es tan comprensible como si estuviera escrito en jeroglíficos. ¿Por qué todos esos sacrificios? ¿Por qué el tabernáculo? ¿Por qué los sacerdotes? Entiendo la reacción. Para nosotros, son cosas raras. No obstante, una vez que entiendes algunos hechos, es también algo fascinante. De maneras diversas y sorprendentes, estos libros nos guían por el camino hacia Jesús. Éxodo y Levítico arrojan luz sobre Cristo, iluminando su ministerio y misión.

En primer lugar, en estos libros bíblicos leerás mucho sobre «limpio» e «inmundo». Para ayudarnos a entender estas dos categorías, utilicemos un ejemplo. Supongamos que te pido que escupas en una taza y luego bebas de ella. Dirías: «¡No! Eso es asqueroso». Sin embargo, piensa en lo siguiente: ¿qué haces inconscientemente a lo largo del día? Tragas la saliva que hay en tu boca. Por lo tanto, ¿cuál es la diferencia entre tragar la saliva que hay en tu boca y la que está en el vaso? Sencillo: una está *dentro* de ti y la otra se halla *fuera* de tu cuerpo. O piensa en este ejemplo: ninguno de nosotros mira a otra persona y piensa: «Esa persona tiene sangre, orina y heces en su interior; ¡qué asco!». Por supuesto que no. Sin embargo, si vemos su sangre, su orina o (especialmente) sus heces fuera de su cuerpo, eso sí que nos molesta, ¿verdad? ¿Por qué? Por la misma razón: lo que está dentro está bien, pero lo que se halla fuera de los límites del cuerpo, no. Podríamos decirlo así: lo de dentro es «limpio» pero lo de fuera es «inmundo». Lo que los distingue es una frontera o línea que se ha cruzado.

En el mundo del antiguo Israel, había fronteras o líneas por todas partes. Algunas cosas (como los cerdos) residían invariablemente tras el umbral de la impureza. Otras cosas (como los objetos sagrados del santuario) se hallaban siempre dentro de la frontera de lo limpio. Y aun otras cosas (en particular, las personas) cruzaban las líneas en ambos sentidos: a veces estaban limpias, y otras veces inmundas. Por ejemplo, durante la menstruación, una mujer estaba temporalmente impura, al igual que lo estaba un hombre, luego de tener una descarga de semen. Sin embargo, cuando esas personas se lavaban o se cambiaban de ropa (o ambas cosas), cruzaban nuevamente la frontera hacia lo limpio. El israelita típico, por lo tanto, se movía toda su vida entre estas fronteras de limpieza e impureza ritual. Las leyes dadas a Israel en el monte Sinaí describían dónde se hallaban estas fronteras rituales. Los israelitas, y especialmente los sacerdotes, tenían el deber de entender estas fronteras y los medios que Dios había proporcionado para que su pueblo volviera a estar limpio.

En segundo lugar, en Éxodo y Levítico se habla mucho de la santidad. ¿Por qué? En Israel, solo Dios era santo por naturaleza. La santidad estaba totalmente entrelazada con su condición de Dios. Sin embargo, el Señor deseaba *compartir su santidad*; donarla a personas, lugares, cosas y tiempos. Por ejemplo, el séptimo día, el sábado, era un tiempo santo. El altar era una cosa santa. El tabernáculo era un lugar santo. Israel era una nación santa. Su santidad era real, pero era también un «préstamo» del Dios santo. Si él lo deseaba, podía también des-santificar algo. Así lo hizo, por ejemplo, en tiempos de Ezequiel, cuando el templo se contaminó tanto con dioses falsos que el Señor se retiró del santuario. Al hacerlo, se llevó consigo hasta la última gota de santidad; el templo se convirtió en un edificio más, ni más ni menos sagrado que un establo.

El punto crucial es el siguiente: la santidad consistía principalmente en estar cerca de Dios, es decir, cerca en términos de *espacio*. Mientras Israel estaba en el Sinaí, el Señor dio a Moisés instrucciones muy detalladas para que le construyeran una tienda especial llamada «tabernáculo». Tenía dos habitaciones. La interior era el Lugar Santísimo y la exterior era el Lugar Santo. Cuando el tabernáculo estuvo terminado, Dios se trasladó al Lugar Santísimo. Aunque él seguía presente en cada parte de la creación, estaba *especialmente allí* para Israel. Se instaló en esa habitación por amor a su pueblo, para estar cerca de ellos, y para residir en medio de ellos. Y puesto que el Señor santo estaba allí, era el lugar más santo del mundo. Esto también significaba que, cuanto más cerca estuviera algo o alguien de esa habitación, más santo sería. Por lo tanto, la santidad tenía que ver con la proximidad al Señor santo en el Lugar Santísimo.

¿Me sigues, hasta aquí? Tenemos lo limpio y lo inmundo. Tenemos la santidad. Pero también tenemos un problema grande, feo y amenazante: el pecado. El Señor era muy consciente de que los miembros de su pueblo eran seres mortales imperfectos, que quebrantarían sus mandamientos con lo que desearan, pensaran, hablaran, hicieran y dejaran de hacer. Siendo un Dios justo, no les guiñaría el ojo ni se encogería de hombros ante sus malas acciones. En lugar de eso, sus pecados deberían ser cubiertos y quitados. Alguien o algo tenía que pagar el precio. En teoría, el Señor podría haber ideado un sistema por medio del cual los propios pecadores pagaran por sus pecados. Podrían haber derramado un poco de sangre, o mucha, por su mal comportamiento, dependiendo de su gravedad, y así haber ganado el perdón pagando la pena ellos mismos.

Pero Dios no actúa así. En lugar de eso, estableció todo un sistema de sacrificios, en el que cabras, corderos, ganado y aves derramaban su sangre para expiar los pecados de los israelitas. *El Señor ideó un sistema de sustitución sacrificial en el que el perdón y la limpieza se obtenían por la muerte de otra cosa en lugar del pecador.* La sangre de estos animales se derramaba, y sus cuerpos se quemaban sobre el altar como la forma permanente que Dios ordenó para que su pueblo siguiera teniendo acceso a él. Saber esto explica muchas cosas sobre el ministerio de Jesús, especialmente el derramamiento de su sangre y su muerte sacrificial por crucifixión. Era, como lo llamó Juan el Bautista, «el Cordero de Dios que quita el pecado del mundo» (Jn 1:29). Fue nuestro sustituto; se convirtió en nuestro pecado.

Podríamos decir, por tanto, que sobre la cruz está escrito todo el texto de Levítico; ese es su trasfondo.

Y mientras se ofrecieran estos sacrificios, ¿quién cuidaría del altar, la sangre, el santuario y todo lo que había en él? ¿Quién realizaría todos los rituales, enseñaría al pueblo, y dirigiría el culto? Para estas tareas, el Señor eligió a una de las doce tribus de Israel, los levitas (descendientes del tercer hijo de Jacob y Lea, Leví). Y de esta tribu, seleccionó un clan, los descendientes de Aarón. De este modo, Aarón, sus hijos, sus nietos, y así sucesivamente, a través de las generaciones, fueron apartados para servir como sacerdotes. Tenían acceso al espacio de Dios en una forma que los demás no tenían. Piénsalo así: si visitas Washington D.C., puedes ver la Casa Blanca desde lejos; incluso podrías tener la suerte de conseguir una visita guiada. Sin embargo, a menos que te inviten a hacerlo por alguna razón especial, no puedes pasearte por el Despacho Oval. Lo mismo ocurriría en el Vaticano o incluso en la sede de una empresa de la lista Fortune 500. No todo el mundo tiene el mismo acceso a los mismos lugares. No hay una democratización del espacio.

En el tabernáculo, todos los sacerdotes podían servir en el atrio, la zona situada inmediatamente delante del santuario, donde se encontraba el altar. Los sacerdotes entraban en el Lugar Santo por turnos a fin de mantener las luces de la menorá o quemar incienso en un pequeño altar. Sin embargo, solo el sumo sacerdote podía entrar en el santuario interior, el Lugar Santísimo, y lo hacía únicamente una vez al año, en un día especial llamado Yom Kipur («Día de la Expiación»). Tal como aprendimos sobre los límites rituales concernientes a lo limpio y lo inmundo, era un límite relacionado con el *espacio*. ¿Quién podía acercarse más a la presencia de Dios? El sumo sacerdote. ¿Quiénes eran los siguientes que podían acercarse más? Los sacerdotes regulares. ¿Quiénes venían luego? Un grupo llamado los levitas, que eran siervos y ayudantes de los sacerdotes. ¿Y quiénes los seguían? Los israelitas comunes. Por lo tanto, si no eras descendiente de Aarón, ni de la tribu de Leví, sino simplemente un hombre o una mujer común de Israel, no había manera de que pudieras entrar en el tabernáculo, y mucho menos en el Lugar Santísimo. Tenías que conformarte con estar a una distancia física del lugar más santo del mundo, donde Dios se hallaba entronizado.

Una vez más, Levítico ofrece los vivos colores y matices que pintan la imagen del don superior que Jesús nos otorga. Cristo era el tabernáculo humano caminante, parlante, de carne y hueso, de Dios. Su cuerpo es el santuario nuevo y eterno. Eso significa que estar cerca de él es estar cerca del Lugar Santísimo. ¿Y de quién estaba cerca Jesús? Se lo llamó el Amigo de los Pecadores. Nadie estaba desprovisto de «suficiente bondad», «suficiente santidad», o «suficiente condición sacerdotal» para estar en su presencia. Jesús derribó las fronteras físicas entre el sumo sacerdote, el sacerdote regular, el levita y el israelita común. Todos eran bienvenidos a la sombra sanadora de su santidad. Es más, el Nuevo Testamento nos dice que, cuando Jesús murió, entró en el Lugar Santísimo *celestial* como nuestro nuevo y mejor sumo sacerdote. De este modo abrió el camino para que nosotros, en él, entráramos en la presencia de nuestro Padre. Esto significa que, cuando pasamos a formar parte del cuerpo de Jesús en el bautismo, obtenemos la condición de sumos sacerdotes.

Otra característica que debe destacarse de Éxodo y Levítico es que Dios planificó el año para su pueblo. Tal como nosotros tenemos nuestro año calendario, con sus días festivos y celebraciones especiales, Israel tenía un año salpicado de días y semanas santos. Cada séptimo día (sábado) era día de reposo.

Se celebraban tres fiestas principales, dos en primavera y principios de verano (Pascua y Semanas [Pentecostés]), y una en otoño (Tabernáculos). También en otoño se celebraba el día que mencioné anteriormente, Yom Kipur, que era el día más solemne del año, en el que todos los israelitas ayunaban, se sacrificaban animales, se rociaba la sangre de estos dentro del Lugar Santísimo, el sumo sacerdote confesaba los pecados de la nación, y un macho cabrío (el «macho cabrío expiatorio») se llevaba esos pecados al desierto. Estas fiestas y este ayuno estaban divinamente integrados en el ritmo del año de Israel, a fin de mantener frente a sus ojos el recuerdo de quiénes eran y de lo que Dios había hecho y seguía haciendo por ellos.

Este año civil también ayuda a trazar el mapa del ministerio de Jesús. Su arresto, muerte y resurrección tuvieron lugar durante la semana de la Pascua, porque él nos lleva de la esclavitud a la libertad, de la muerte a la vida. Su crucifixión es también el último Yom Kipur, porque en su muerte expió los pecados del mundo una vez para siempre. En Jesús entramos en un día de reposo sin fin, porque descansamos en él y en su misericordia. Su cuerpo es nuestro tabernáculo, donde moramos con Dios, en una celebración continua de los Tabernáculos. Y en las Semanas, o el mismo Pentecostés, Jesús envió su Espíritu Santo sobre sus seguidores en Hechos 2.

Cuanto más seamos capaces de discernir el significado de los días santos del Antiguo Testamento, más veremos también cómo Dios, desde el monte Sinaí en adelante, hizo que su pueblo «practicara» la recepción de los dones que llegarían en Jesucristo. El calendario israelita, por lo tanto, miraba hacia atrás, a lo que Dios ya había hecho por su pueblo, miraba hacia el presente, a lo que seguía haciendo por ellos, y miraba hacia adelante, a los días, semanas y años del Mesías, cuando él arrancaría la última página de aquel calendario israelita y la reemplazaría por sí mismo.

Mientras leas Éxodo y Levítico, habrá mucho material que te parecerá extraño, o incluso desconcertante. Pero es normal. Yo llevo unos treinta años estudiando y enseñando estos libros, y cada día sigo aprendiendo cosas nuevas. ¡Ese es uno de los gozos de la Biblia! Hace mucho tiempo, un rabino dijo de la Torá: «Dale vueltas y más vueltas, porque en ella está todo». Cuando cogemos las Escrituras y les damos vueltas, hacia un lado y hacia el otro, sus páginas dejan caer continuamente nuevos tesoros y conocimientos.

Ahora debemos poner fin a esta breve parada en el Sinaí. Es hora de cargar, encender el motor y ponernos nuevamente en marcha. ¡Adelante!

Capítulo 8

Cuarenta años de espera
y deambulación por el desierto

Luego de detenernos junto a Aarón durante un capítulo, es hora de volver al camino con su joven hermano Moisés. Llegaremos, también, a un doloroso y decepcionante callejón sin salida en la frontera de la tierra prometida. Allí, nos veremos obligados a dar marcha atrás, dar media vuelta e iniciar una larga y tortuosa ruta que se prolongará por cuarenta años en el desierto. Finalmente, Moisés entonará su canto del cisne y, parados junto a este hombre de 120 años, levantaremos la vista para contemplar el horizonte hacia la tierra que mana leche y miel.

¿Has oído la disparatada historia del tipo que, estando locamente enamorado de una chica, se casó con ella, pero luego esta lo engañó durante su luna de miel? Sí, durante su luna de miel. No obstante, aquella aventura al inicio de su vida conyugal sería solo el principio de una larga lista de desgracias matrimoniales. Durante las cuatro décadas de matrimonio que siguieron, las cosas

fueron de mal en peor. Ella no dejaba de refunfuñar
sobre lo poco que él se preocupaba por ella, sobre lo
mucho mejor que había sido su vida antes de pronunciar
sus votos y sobre cómo ella no confiaba en él. Es más, no
contenta con la aventura de luna de miel, se convirtió
en una adúltera en serie, engañándolo una y otra vez.
Lo sorprendente es que, pese a todo, él seguía querién-
dola. La perdonaba. Era un proveedor fiel y desintere-
sado. ¿Conoces esta historia? Si no la conoces, cuando
leas desde Éxodo 32 hasta el final de Deuteronomio, la
conocerás. Porque el «tipo» es Yahvé, y su «chica» es
Israel. Este es el relato de los cuarenta años de infelici-
dad matrimonial de Yahvé e Israel.

Una forma de imaginar lo que ocurrió en el Sinaí
es pensando en una ceremonia matrimonial. En la capi-
lla del Sinaí, el novio divino deslizó un anillo de boda en
el dedo de la dama Israel. Se hizo y selló un pacto entre
los dos. Su luna de miel fue larga; duró aproximadamente un año. Durante esos meses ocurrió gran parte
de lo que comentamos en el capítulo anterior: se eri-
gió el tabernáculo; Aarón y sus hijos se convirtieron en
sacerdotes; y Dios enseñó a Israel los diez mandamientos y muchas otras normas y reglamentos sobre cómo
comportarse y organizar su sociedad. Podríamos decir
que Israel descubrió cómo ser una esposa fiel, santa,
amorosa y servicial para su Esposo celestial.

No obstante, además de lo anterior, Israel apenas
había colgado su vestido de novia cuando ya estaba
metiéndose en la cama con otro dios. Mientras Moisés
estaba en lo alto del Sinaí, recibiendo instrucciones
del Señor, los israelitas estaban en los barrios bajos
de la idolatría. Instaron a Aarón a que les hiciera un
dios —específicamente, un símbolo visual de una

divinidad—. Evidentemente, Aarón no necesitó mucho que le doblaran la mano, porque se puso a moldear un «becerro de oro» en menos de lo que canta un gallo. En el antiguo Cercano Oriente, los toros o becerros se utilizaban frecuentemente como imágenes o plataformas para una divinidad. Este becerro constituía una violación flagrante y directa de la prohibición de Dios a Israel. De hecho, una vez que sucedió, el Señor se puso tan furioso con su pueblo que, de no haber sido por la intercesión de Moisés, todo Israel habría sido pisoteado hasta desaparecer. No obstante, Dios cedió y perdonó. Israel fue librado y se le dio otra oportunidad de actuar con fidelidad.

Esa oportunidad no tardó en llegar. Habiendo concluido su acampada en el Sinaí, los israelitas emprendieron la marcha hacia la tierra que Dios había jurado dar a Abraham, Isaac y Jacob. Recuerda que, siglos antes, Jacob y su familia habían emigrado de este país durante una hambruna. Todo el tiempo que vivieron en el exilio egipcio —durante los años buenos, los malos, y los años muy feos de la esclavitud— habían estado esperando el regreso. Ahora tenían la oportunidad. Tenían buenos dirigentes. Tenían un santuario y sacerdotes. Y, por último, pero no por ello menos importante, tenían de su lado al Creador del cielo y de la tierra, con un currículum repleto de logros de salvación, todos realizados en beneficio de Israel.

Sin embargo, inmediatamente hubo señales funestas de una catástrofe inminente. En medio del pueblo, las quejas dieron paso a las acusaciones, las acusaciones a una revuelta, y esta fue aplastada por plagas que acabaron con la vida de muchos israelitas. Bajo la carga del liderazgo, Moisés se sintió tan abrumado que le pidió a Dios que le quitara la vida. Y, por si fuera poco, los propios hermanos de Moisés se convirtieron en sus calumniadores. Su hermano y su hermana, Aarón y Miriam, desaprobaron la esposa que Moisés eligió. Luego, se volvieron espiritualmente arrogantes y comenzaron a hablar mal de su hermano. Estos eran signos de una comunidad dividida.

La negatividad aumentó en la frontera de Canaán. Moisés envió una docena de espías para reconocer la tierra. Regresaron cuarenta días después. Con excepción de dos (Josué y Caleb), todos dijeron, básicamente: «Oh, sí, es una tierra rica y abundante, pero no tenemos ninguna posibilidad. Las ciudades son inexpugnables. ¿Y sus habitantes? ¡Son gigantes! A su lado parecemos langostas». Pese a las valientes protestas de Caleb y Josué, el pueblo quedó desmoralizado por el informe de la mayoría. Hubo lamentos y murmuraciones. Un sentimiento de autocompasión invadió el campamento. Pronto, el pueblo estuvo listo para abandonar a Moisés, elegir a un nuevo líder y regresar a Egipto con el rabo entre las piernas.

Por un lado, podemos entender su miedo. Al fin y al cabo, eran humanos, como nosotros. Estaban entrando al cuadrilátero con enemigos semejantes a Goliat. Puesto que algunos de estos pueblos tenían carros, los israelitas se hallaban sobrepasados en términos de armas. Sin embargo, tenían una cosa muy buena a su favor, y esa cosa buena era la siguiente: Dios. Dios, que había derrotado para ellos a todos los adversarios de Egipto. Dios, que había dado su palabra de que conquistarían la tierra. Dios, que había demostrado que era el Señor de los milagros. Si todo el mundo está contra ti pero Dios está de tu parte, tu victoria está asegurada. Pero no; en vez de la fe, los israelitas eligieron la incredulidad; en vez del valor, la rebelión; y en vez de la liberación dada por Dios, la esclavitud egipcia.

Por lo tanto, el Señor hizo lo que suele hacer: los castigó dándoles exactamente lo que querían.

El pueblo: ¡No queremos entrar en la tierra prometida! Dios: De acuerdo, entonces no entrarán. Les daré lo que desean.

Sin embargo, también obtuvieron lo que no querían: cuarenta años de cargar con su culpa por el desierto; un año por cada día que los espías pasaron en la tierra. De este modo, Israel no estuvo en la fértil tierra de la promesa, sino en el aullante desierto de la espera y la deambulación, hasta que todos los adultos de más de veinte años al momento de la rebelión hubieron muerto y desaparecido. Josué y Caleb fueron los únicos dos adultos que lograron salir de Egipto, atravesar los cuarenta años y llegar a la tierra prometida.

¿Qué ocurrió durante aquellas cuatro décadas? Considerando la cantidad de tiempo, sabemos relativamente poco. Ciertamente, hubo muchos funerales, incluyendo, hacia el final de los cuarenta años, la muerte de Miriam y Aarón. Hubo enseñanzas adicionales sobre los sacrificios y otros elementos de la vida cotidiana. Una rebelión de un hombre llamado Coré y sus amigotes respecto de quién «mandaba». Algunas guerras y escaramuzas con tribus y pueblos por cuyos territorios Israel pasó. Tres de los sucesos más significativos tuvieron que ver con serpientes, un profeta no israelita y la ira de Moisés.

Empecemos por el último. El Señor le dijo a Moisés que no sería él quien conduciría a los israelitas a la tierra.

¿Por qué? En lo que parece haber sido un ataque de ira
contra el pueblo rebelde, Moisés también se rebeló. En
vez de hablarle a la «roca del agua», como le había dicho
el Señor, Moisés la golpeó dos veces. Así que Dios dijo:
«Por no haber confiado en mí ni haber reconocido mi
santidad en presencia de los israelitas, no serán ustedes
los que lleven a esta comunidad a la tierra que les he
dado» (Nm 20:12 NVI).

En el panorama más amplio de la historia de la salvación, esto encajaba perfectamente. Moisés era como la
encarnación de la propia ley. La recibió, la transmitió, la
enseñó, la explicó y la hizo cumplir. Sus manos sostuvieron las mismísimas tablas de piedra en las que estaban
inscritos los diez mandamientos. Ahora bien, si él, el Sr.
Ley, quebrantó esa precisa ley, y actuó con infidelidad y
se rebeló, ¿qué posibilidades hay de que alguien cumpla
la ley? Ninguna. Cero. Tal como Moisés moriría fuera
de la tierra prometida, la ley no nos llevará ni es capaz
de llevarnos allí. Como veremos, ese trabajo se deja a
aquel que sustituyó a Moisés, Josué, cuyo nombre en
griego es el mismo que el nombre del propio Jesús. No
Moisés (=la ley), sino Josué (=Jesús) nos lleva a la tierra
prometida de la salvación.

También durante estos años, los moabitas proba-
ron el método de alquilar un profeta. Contrataron a un
vidente llamado Balaam, nombre del cual sabemos por
los hallazgos arqueológicos. Él debía maldecir a Israel,
pero el plan estalló en la cara de los moabitas. En una
serie de oráculos, Balaam no solo pronunció bendiciones sobre Israel, sino que el Señor utilizó a este profeta
no israelita para predecir la venida de Cristo. Habló de
«Una estrella [que] saldrá de Jacob» (Nm 24:17), título
que en el siglo I d. C. se entendió como una profecía

sobre el Mesías. De hecho, el NT se refiere a Jesús como «el lucero resplandeciente de la mañana» (Ap 22:16), y una estrella actuó como un GPS antiguo para guiar a los sabios hasta Belén, donde Jesús nació (Mt 2:1-2).

Durante estos cuarenta años, en otro período más de rebeldía y quejas, el Señor también envió algunas serpientes ardientes al campamento israelita. (Por cierto, en el Antiguo Testamento verás que Dios utiliza frecuentemente animales como sus instrumentos para hacer entrar en razón a su pueblo. Aquí utiliza serpientes; en otras ocasiones empleará un gran pez, leones, osos y langostas). Cuando un gran número de personas fueron mordidas y empezaron a morir, suplicaron a Moisés que intercediera en su favor. Moisés lo hizo. ¿El resultado? El Señor ordenó a Moisés que hiciera una réplica de una serpiente, la colocara en un poste e hiciera que el pueblo la contemplara. Al hacerlo, vivirían. Moisés, por tanto, hizo una serpiente de bronce y la puso en alto para que todos la miraran. Irónicamente, la imagen del problema (las serpientes) se convirtió en la solución (la vida).

Durante una conversación que Jesús sostuvo con un líder religioso judío llamado Nicodemo, dijo: «Y como Moisés levantó la serpiente en el desierto, así es necesario que sea levantado el Hijo del Hombre, para que todo aquel que cree, tenga en Él vida eterna» (Jn 3:14-15). Ser «levantado» fue la forma en que Jesús se refirió a su crucifixión venidera. Tal como la serpiente de bronce, que era una imagen del problema, se convirtió en la solución, también Jesús, cargando él mismo nuestro problema de pecado y muerte en la cruz, se convirtió en la solución, pues en él tenemos perdón y vida. Por esta razón, Martín Lutero llamó una vez a Jesús la «serpiente de la salvación». Se convirtió en nuestro pecado para que, en un maravilloso intercambio, pudiéramos recibir su vida, su curación y su justicia.

Casi al final de los cuarenta años, Moisés pronunció un sermón de dos horas y media llamado Deuteronomio, el quinto libro de la Biblia y el último de la Torá. Fue su canto del cisne, en el que repitió enseñanzas anteriores, repasó la historia de Israel y los exhortó a ser fieles en el futuro. Deuteronomio recoge también la muerte de Moisés y su extraño entierro. En el año ciento veinte de su vida, murió, habiendo visto la tierra santa a la distancia, desde lo alto de un monte llamado Pisga. Sin embargo, nadie sabe dónde está enterrado, porque el Señor sepultó su cuerpo. No se nos dice cómo ni en qué circunstancias. Había hecho su trabajo. Había llevado a su pueblo al borde de la tierra prometida. Y allí concluyó su deber. Su protegido y antiguo servidor, Josué, asumiría el liderazgo del pueblo de Dios (viajaremos junto a él en el próximo capítulo).

Así termina la Torá. Hemos viajado a dedo desde la creación, pasando por el diluvio con Noé y la agitada vida de los patriarcas, hasta Egipto, luego hacia fuera de Egipto y finalmente hasta el lado oriental del río Jordán. Estos cinco primeros libros, esta Enseñanza (pues eso es lo que significa Torá), servirán de cimiento bíblico para todo lo que está por venir.

La historia de la salvación no ha hecho más que comenzar, pero, en cierto modo, ya tenemos su final a la vista. Se nos ha presentado al Dios que crea todo para su pueblo, que lo rescata cuando está esclavizado, lo perdona cuando se rebela, proporciona sacrificios para que pueda ser purificado, habita en medio del tabernáculo y lo ha llevado a una tierra que será un reino santo.

Todo esto será llevado a término y perfeccionado por Jesús, el Hijo de Dios, en sí mismo. En él se nos vuelve a crear a fin de que seamos hijos de Dios. Él nos rescata de la esclavitud del mal en la que nacemos. Nos proporciona un perdón ilimitado en su cruz y resurrección. Su sacrificio de crucifixión nos proporciona la expiación que urgentemente necesitamos. Su cuerpo es nuestro santuario, tabernáculo y templo. Y nos introduce, a través del bautismo, en su reino.

En resumen, Jesús es el «¡Sí!» a todas las promesas de Dios. En cada página de la Torá —en realidad, en cada página del Antiguo Testamento— podemos escribir: «De muchas y diversas maneras, esto se trata de nuestro Señor Jesucristo y de su historia de salvación en beneficio nuestro».

Capítulo 9

Guerra ritual en el nuevo huerto de Edén nacional

Sería bueno recorrer este capítulo hacién-dole dedo a un tanque o a un vehículo blin-dado. Nos encontramos en el corazón de una zona militarizada. Nos esperan bata-llas, escaramuzas y destrucciones al por mayor. Nuestro guía es Josué, cuya mano estrechamos en el capítulo anterior. Él nos conducirá a través del Jordán seco, dará vueltas y vueltas alrededor de la ciudad de Jericó y nos llevará a varios campos de bata-lla. Así que subamos y abrochémonos el cin-turón. Estamos a punto de aprender sobre la guerra ritual, la distribución de la tierra y la forma en que Dios se ocupa del pecado, no parcialmente, sino en su totalidad.

Si entras en una biblioteca, verás secciones clasificadas como Libros para adultos, Ficción para adolescentes, Referencia, Revistas, etcétera. La Biblia es una especie de «biblioteca»; una colección de sesenta y seis libros bajo un mismo techo. También tiene sus secciones principales. Acabamos de terminar la primera: la Torá

(«enseñanza») o Pentateuco («cinco libros»). La siguiente
sección recibe distintos nombres. Las biblias suelen referirse a ella como los Libros Históricos. Los doce libros de
esta sección son Josué, Jueces, Rut, 1-2 Samuel, 1-2 Reyes,
1-2 Crónicas, Esdras, Nehemías y Ester. Sin embargo, en
la Biblia hebrea, esta sección se llama los Nevi'im, que significa «Profetas». No solo incluye muchos de esos libros
históricos, sino también libros con nombres de profetas,
como Isaías, Jeremías, etcétera.

El hecho de que libros como Josué, Jueces, Samuel
y Reyes figuren entre los *Profetas*, pese a que todos
registran hechos *históricos*, es un punto digno de desta-
car antes de retomar nuestra narración. La Biblia nunca
pretende documentar una historia imparcial, ciñéndose a
datos empíricamente verificables. Es un tipo diferente de
historia; un tipo de escritura histórica profética, sagrada,
e impulsada por Dios. Esto no significa que sea falsa o
mítica. Lo que sí significa es que, en primer lugar, es
la obra conjunta de un escritor humano *y del Espíritu*.
Cuando los cristianos se refieren a la Biblia como «ins-
pirada», eso es lo que quieren decir. Estos escritos son
«inspirados por Dios» (2 Ti 3:16). En segundo lugar, esta
historia mira las cosas con un ojo profético, es decir, ve
que la historia bíblica marcha firmemente hacia una
meta. Esta meta, como señalamos en la Introducción, es
llevarnos a casa, con el Padre, en Cristo. Ese es el destino
de la historia de la salvación de nuestro Señor. Así pues,
a medida que leamos esta historia profética, iremos des-
cubriendo las formas permanentes en que nuestro Padre
dirige los acontecimientos y, a la vez, ofrece signos reveladores de lo que está por venir en su Hijo, el Mesías.

Pasemos ahora al hombre Josué. En el capítulo
anterior, dejamos a Dios pala en mano junto a la tumba

sin nombre de Moisés. Josué es, en cierto modo, como Moisés. Es el líder divinamente designado de Israel; aquel que los guía e instruye. Sin embargo, a diferencia de su predecesor, Josué lleva realmente al pueblo a la tierra prometida, a esta herencia del Señor. Además, Josué no es profeta —al menos no en el sentido tradicional—, mientras que Moisés era el ideal profético. Como mencioné anteriormente, en griego, el nombre Josué es *Iesoús*, que nosotros escribimos como «Jesús». Josué, como un «Jesús del Antiguo Testamento», lleva al pueblo sano y salvo a la tierra prometida. De este modo, es un tipo o una prefiguración de nuestro Señor, que nos introduce en el reino de su Padre.

Tal como algunos estados norteamericanos y países modernos tienen fronteras marcadas por ríos, también en el mundo antiguo los límites de la tierra estaban frecuentemente demarcados por ríos, mares y cordilleras. La frontera oriental de Israel era el río Jordán. Pero el Jordán también servía como una especie de zona liminal, aquel espacio intermedio en el que se pasa de «esto» a «aquello»; de «lo que fue» a «lo que será». Para el pueblo de Dios, el espacio de «lo que fue» era el desierto, donde habían estado esperando y vagando por cuatro décadas. Con Josué, estaban pasando a «lo que será». Y ese marcador de transición era el Jordán. Por cierto, en el Nuevo Testamento, esta es la razón por la que Juan el Bautista bautizaba a la gente en el río Jordán. Los llevaba de «lo que fue», la espera del Mesías, a «lo que será», su llegada.

Cuando llegó el momento de dar el paso de «esto» a «aquello», el Señor hizo que fuera sumamente memorable, efectuando una especie de rima histórica. La historia no se repitió, sino que «rimó» de este modo: tal como Israel, al salir de Egipto, cruzó en seco el mar

Rojo, el día en que salieron del desierto cruzaron en seco el Jordán. Dios abrió las aguas. Su pueblo pasó a la tierra que se le había prometido. Junto con este nuevo comienzo hubo otros elementos de renovación: celebraron la Pascua y circuncidaron a los niños que aún no habían recibido esa marca del pacto. Ahora estaban listos —por fin— para heredar la tierra.

Pero esa tierra estaba lejos de estar desocupada. Seguía habitada por la misma gente feroz —y, en algunos casos, gigante— que anteriormente había acobardado a sus padres y abuelos. A menudo los maestros de la Biblia bromean refiriéndose a ellos como los «-eos»: los cananeos, los ferezeos, los jebuseos, los gergeseos y otros grupos humanos. Siglos antes, el Señor los resumió bajo el epígrafe de amorreos cuando dijo a Abraham que la iniquidad de ellos aún no había «llegado a su colmo» (Gn 15:16). Quería decir que, a pesar de su continua y recalcitrante rebelión contra él mediante la inmoralidad y la idolatría, no se apresuraría a dejar caer el martillo. Les estaba dando tiempo para enmendar sus caminos y volverse hacia él. Sin embargo, persistieron en su involución espiritual. El momento del juicio había llegado. Y el medio que el Señor utilizaría para imponer ese castigo serían los israelitas.

Esta es una verdad crucial, así que no la pases por alto. Todas las batallas y obtenciones de tierras del libro de Josué no fueron, por ejemplo, el equivalente antiguo del avance hacia el oeste de los Estados Unidos en el siglo XIX, cuando se confiscaron las tierras y las propiedades de los nativos norteamericanos durante la expansión fronteriza. Se trató más bien de batallas de Dios, de la guerra de Dios, en la que él, como Juez de toda la tierra, condenó a los «-eos» a la destrucción, y luego transfirió sus tierras, ciudades y casas a su pueblo. No fue en absoluto algo caprichoso. No hubo motivaciones vilmente humanas como la sed territorial o de sangre. Se trató de una expulsión a gran escala, por mandato divino, de los impenitentes de una tierra que el Señor había declarado sagrada.

Todo esto ayuda a explicar por qué, por ejemplo, la primera gran ciudad conquistada, Jericó, fue destruida de una forma tan extraña y ritualista. Dos espías israelitas ya habían explorado el lugar, ayudados en sus esfuerzos por una prostituta de la ciudad llamada Rahab, la cual escondió a esos hombres y los ayudó a escapar. Para capturar Jericó, los israelitas no lanzaron un ataque frontal, ni utilizaron escaleras para trepar las murallas, ni localizaron un túnel secreto para entrar en la ciudad, ni la sitiaron (todas las cuales eran formas de tomar una ciudad en la antigüedad). En lugar de ello, marcharon cada día alrededor de la ciudad, por seis días, llevando consigo el arca del pacto. El arca era el trono y el estrado de Yahvé; su presencia era la señal externa de que el Dios de Israel era rey y de que estaba a punto de establecer su reinado. El séptimo día, marcharon siete veces alrededor de la ciudad, los sacerdotes tocaron cuernos de carnero (llamados shofares), los israelitas lanzaron un grito colectivo y el Señor hizo que los muros de Jericó se derrumbaran. El pueblo de Dios pudo capturar la ciudad sin mucho esfuerzo. Todo el acontecimiento de siete días se parece más a un ritual elaborado que a las tácticas típicas del campo de batalla. Y con razón. No sería el tamaño, la fuerza o la astucia militar de Israel lo que les daría la victoria. Dios les concedería el éxito. La gloria sería solo para él. Esta era su guerra contra aquellos que, por siglos, habían estado luchando contra él.

Especialmente inquietante para los lectores modernos de Josué es que, dentro de los límites de la tierra, todos los habitantes debían ser asesinados: no solo los combatientes varones, sino también las mujeres, los niños y los animales. ¿Por qué una destrucción tan masiva? Para empezar, esta tierra era como un huerto del Edén nacional para «los adanes y las evas» de Israel. Tal como a Adán y Eva se les había ordenado proteger el Edén —¡una tarea en la que fracasaron estrepitosamente!—, los israelitas debían proteger la tierra y limpiarla por completo de todas las fuerzas malignas y venenosas que intentaran seducirlos para llevarlos a un lecho de mentiras e idolatría. (Como veremos, cuando Israel incumplió la voluntad de Dios, este incumplimiento condujo directamente a un infortunio tras otro. Los cananeos y otros «-eos» que no fueron destruidos los condujeron a actos groseros y a menudo incalificables, llegando incluso a sacrificar a sus propios hijos a otros dioses).

En segundo lugar, la destrucción de estos pueblos es una imagen inolvidable de cómo Dios se ocupa del pecado: en su totalidad. Al Señor no le interesaba librar de población cananea al 95 % de la tierra. Cuando se trata del mal, Dios es una deidad de todo o nada. Por tanto, de la forma más inesperada, la orden de limpiar la tierra quitando toda su población cananea fue una prefiguración de la crucifixión, en la que Dios se ocupó del pecado completamente, de una vez por todas. No se ocupó solo de la mayor parte del pecado, ni de casi todo el pecado, sino del pecado en su totalidad. Jesús no fue azotado, golpeado ni encarcelado solamente para que sufriera. No, él murió. Llegó hasta la muerte misma para eliminar *completamente* el pecado en beneficio nuestro.

La primera mitad de Josué documenta las batallas de Israel contra estos diversos grupos humanos. Con la notable excepción de la ciudad de Hai al principio, ciudades y ejércitos cayeron en manos del pueblo de Dios. Lograron obtener el dominio a través de diversas campañas en las regiones norte, centro y sur del país, a menudo contra enemigos que los superaban en armamento y cantidad de hombres. Sin embargo, hay indicios de que, con el paso del tiempo, el ardiente celo de los israelitas comenzó a enfriarse llegando a la inercia y la apatía. Oiremos más de estas tristes noticias en el próximo capítulo.

Una parte importante de la segunda mitad de Josué se ocupa de material que, para ser sinceros, hará cabecear a muchos lectores. ¡Y es normal! No todas las partes de la Biblia son igualmente estimulantes. Muchos de estos capítulos parecen páginas de un libro de agrimensura en el que la tierra se reparte entre once de las tribus. Algunas reciben más, otras menos. Dos tribus y media reciben territorios que, técnicamente, se hallan fuera de la tierra prometida, al este del Jordán. ¿Qué tribu no recibe tierra? La tribu de Leví, aquella de la que proceden los sacerdotes y sus ayudantes. En lugar de recibir una sección entera del territorio, se les dan ciudades que se encuentran dispersas por los territorios de las demás tribus. Seis de estas ciudades se reservan como «ciudades de refugio». Si una persona había matado a alguien, podía huir a cualquiera de estas ciudades buscando protección (de un posible asesinato por venganza) hasta que su caso fuera juzgado y se determinara su culpabilidad o inocencia.

Tal como Deuteronomio terminó con la muerte de Moisés, el libro de Josué concluye con la muerte de este líder. Se registra un emotivo discurso en el que Josué repasa gran parte de la historia de su pueblo y les

recuerda, de manera no tan sutil, la inflexible postura de
Dios sobre la adoración de otros dioses. Su tono es omi-
noso, como si Josué hubiera visto el futuro del pueblo
escrito en su pasado. Ese pasado está salpicado de episodios de infidelidad espiritual, como cualquier lector
de la Torá no tardará en darse cuenta. Y, como veremos
directamente, el mensaje de Josué, aunque muy necesario, fue también gravemente ignorado.

En este episodio de la continua historia de salvación
del Padre, su pueblo finalmente tiene lo que Abraham,
Isaac y Jacob solo soñaron tener: un lugar donde echar
raíces, deshacerse de sus tiendas, y construir casas, cul-
tivar la tierra y formar familias. Y, lo más importante,
pueden enseñar, predicar y adorar al Dios que les ha
dado todos estos buenos dones, y que hará aun más en
los tiempos venideros. Los padres pueden enseñar a sus
hijos e hijas sobre la rebelión de Adán y Eva, junto con la
promesa del Señor de enviar a la Simiente que aplastará
el cráneo del enemigo. Las madres pueden enseñar a sus
hijos el tiempo que pasaron en Egipto, el cruce del mar
Rojo, los duros años en el desierto y la gracia de Dios
en el don de la tierra bajo el mando de Josué. Los levitas
pueden instruir al pueblo en la sabiduría de la Torá.
Los sacerdotes pueden servir en el tabernáculo, orar y
celebrar las fiestas. En este nuevo Edén, esta tierra santa,
las vidas humanas pueden florecer donde se encuentran
la verdad, la belleza y la santidad, mientras los israelitas
siguen a la espera del Mesías.

Todas estas cosas «pueden» suceder. Pero ¿lo
harán? Lo veremos cuando nos despidamos de Josué y
viajemos con nuestro próximo guía, que nos conducirá
a un libro bíblico con imágenes de violencia «solo para
mayores». Nos adentraremos en el libro de los Jueces.

Capítulo 10

Cada uno hacía lo que parecía bien a sus propios ojos

¿Alguna vez has conducido de noche por una zona urbana plagada de delincuencia, asegurándote de que las puertas estuvieran con seguro? Circular por las calles nocturnas de Jueces es así. Serás testigo de anarquía, gente quemada hasta morir, violaciones en grupo, mutilaciones, secuestros y más pruebas de la inhumanidad de la humanidad. Evidentemente, no fueron días felices en Israel. Sin embargo, hay momentos breves y brillantes en los que el amor de Dios resplandece a través de salvadores y redentores cuyas acciones prefiguran a Jesús, nuestro Rescatador y Redentor. Así que sube. Dejemos que hombres como Gedeón y Sansón, y una mujer llamada Rut, nos conduzcan por el mundo del «salvaje oeste» de Jueces.

«Cada historia tiene siempre dos caras». En general, ese adagio es correcto. No tiene por qué significar que las dos caras sean contradictorias; solo significa que hay distintas perspectivas de un mismo acontecimiento. Por ejemplo, cuando lees los cuatro Evangelios —Mateo, Marcos, Lucas y Juan—, los tres primeros suelen contar las mismas historias sobre Jesús, pero con acentos y detalles ligeramente diferentes. Mateo no está «en lo cierto» mientras Marcos y Lucas están «equivocados» —o viceversa—. Más bien, simplemente están contando «dos [o tres] caras» de la misma historia.

Josué y el comienzo de Jueces son así; cuentan dos caras de la misma historia sobre la conquista de la tierra. En general, cuando leemos Josué, tenemos la impresión de que los israelitas arrollaron a todos sus oponentes, ganaron todas las batallas, capturaron todas las ciudades y convirtieron rápidamente a Israel en una zona libre de cananeos. Digo «en general» porque, como señalé en el capítulo anterior, hay evidencias de la progresiva inercia e incapacidad de Israel para derrotar a todos sus enemigos. Pero en Josué no es tan acentuado. Sin embargo, en el primer capítulo de Jueces, está justo frente a tus narices. Leemos cómo los israelitas no pudieron o no quisieron expulsar a algunos de sus enemigos, hicieron esclavos a otros o simplemente convivieron con estos diversos grupos de —los frecuentemente denominados colectivamente— cananeos.

«¿Y qué?», podría preguntar alguien. «Vive y deja vivir. Coexiste». Esa concepción moderna de un país que es un crisol de pueblos, religiones, culturas, etc., todos los cuales deben llevarse bien y respetar las tradiciones de los demás, no es lo que el Señor quería que fuera el antiguo Israel. Piénsalo de la siguiente manera. Imagina una iglesia enorme que ocupa varias hectáreas. En este recinto hay un santuario, aulas, oficinas, una cancha de baloncesto, estacionamientos y un cobertizo para guardar las herramientas de los jardineros. Hay, por tanto, dentro de este espacio más amplio, sitio para el trabajo, el culto, el estudio y el juego. No obstante, sigue siendo un recinto *cristiano*. La Iglesia no permitirá que, en una esquina trasera de la propiedad, se construya una pequeña mezquita musulmana, ni un templo judío en la otra, ni que haya varios altares budistas esparcidos por el santuario y las zonas de oficinas. Lo que está y no está permitido en estas hectáreas está claramente delimitado precisamente porque están dedicadas al cristianismo.

Eso ocurrió en el «recinto» israelita, en la tierra que Dios dio a su pueblo. El culto a Yahvé no debía coexistir con el culto a deidades cananeas populares como Baal o Asera. Los cananeos ni siquiera debían habitar en esta tierra sagrada, y mucho menos contaminarla con su idolatría. Como señalamos antes, esta tierra es un huerto del Edén nacional, donde las fuerzas contrarias a Yahvé no tienen cabida, ni gozan de derechos, misericordia, o siquiera respeto. Dios advirtió que, si esto no se tomaba en serio, el culto de Israel sería adulterado, la inmoralidad se popularizaría e Israel sería finalmente expulsado de la misma tierra de la que ellos habían expulsado a los cananeos. Para Israel, entonces, coexistir con los cananeos y sus dioses era tan saludable como fumar metanfetamina, ingerir veneno para ratas y consumir anticongelante al mismo tiempo.

Sin embargo, coexistieron, con desastrosas consecuencias, algunas de las cuales se describen en el libro de los Jueces. Los relatos de Jueces 1-16 tienen un carácter cíclico. Como una esposa infiel, los israelitas comenzaron a entablar relaciones con otros dioses, adorándolos en lugar de Yahvé o, más frecuentemente, al mismo tiempo que a él. En el AT, la idolatría suele denominarse «prostituirse tras otros dioses». Los otros dioses y diosas no tenían problema con que sus devotos «anduvieran acostándose por ahí», si se quiere, mientras ellos obtuvieran una parte de los sacrificios. Con Yahvé es diferente. Él exige fidelidad monógama de parte de su esposa, Israel. Tal como ningún marido aprobaría que su mujer le fuera sexualmente fiel el 95 % del tiempo, el Señor le exigía a su esposa no menos que el 100 % de fidelidad.

Cuando su pueblo *le era* infiel, Dios lo disciplinaba, habitualmente permitiendo que las naciones enemigas lo oprimieran por un tiempo. Cuando el pueblo se arrepentía y oraba al Señor en busca de alivio, él levantaba a alguien para que «salvara» o «rescatara» a su pueblo (hablaremos de estas personas más adelante). Tras el éxito militar de estos líderes había un período de reposo y relativa tranquilidad en Israel. Luego, sin excepción, el pueblo de Dios volvía a caer en la idolatría. Este horrible ciclo de rebelión, disciplina, arrepentimiento, salvadores y reposo se prolongó por siglos.

El libro de los Jueces debe su nombre a la serie de jefes militares que el Señor utilizó para liberar a su pueblo de la opresión extranjera. Sin embargo, en nuestro contexto moderno, el nombre de «Jueces» se malinterpreta fácilmente. Visualiza a Clint Eastwood, no a la jueza Ana María Polo. El verbo hebreo que se utiliza para describir las acciones de estos «jueces» es *yasha*, que significa salvar o liberar (el mismo verbo forma parte de *Yeshúa*, el nombre hebreo de Jesús, nuestro Salvador). Así pues, un título más adecuado para el libro podría haber sido Libertadores o Salvadores. Aunque el hecho de que rescataron a Israel de la opresión extranjera es factualmente cierto, es mucho más fascinante ver quiénes eran y cómo lo hicieron. Revisemos algunos ejemplos.

Tenemos a Aod. Aod era un zurdo que se ató una espada corta al muslo derecho, la ocultó bajo su capa, y con ella destripó a un rey enemigo muy gordo llamado Eglón. Este asesinato permitió que Israel derrotara a los moabitas. Hay un tipo llamado Barac, que fue enviado por la profetisa Débora a combatir contra un rey cananeo. Barac, que no era un héroe valeroso, se negó a ir a menos que Débora aceptara ir con él entre las filas. Ella fue pero, al final, la verdadera heroína de la historia fue otra mujer llamada Jael, que sigilosamente tomó una estaca de la tienda y la clavó en la cabeza del general enemigo mientras este dormía la siesta en la tienda de ella. Y tenemos a Jefté, la definición misma de una personalidad precipitada, quien llevó a Israel a la victoria, pero hizo un voto estúpido que acabó provocando el sacrificio de su hija (aunque los eruditos debaten sobre lo que realmente suponía este «sacrificio»). Y hay muchos otros «jueces» de los que sabemos muy poco, como Tola, Jair y Samgar, el último de los cuales combatió a los filisteos con una vara para arrear bueyes.

Dos de los jueces más famosos, Gedeón y Sansón, ilustran aun más la extraña naturaleza de estos libertadores y la forma en que alcanzaron el éxito en el campo de batalla. Gedeón es el Sr. Inseguridad. El Señor tuvo que convencerlo con una señal tras otra, hasta que por fin aceptó ir a la batalla. Él y su pequeño ejército de trescientos hombres se dirigieron en puntas de pie, al amparo de la noche, a un campamento de los madianitas, donde rompieron unos cántaros de barro, sostuvieron antorchas y tocaron las trompetas. En medio del caos resultante, los soldados enemigos se volvieron unos contra otros. Más tarde, parece que el éxito de Gedeón se le subió a la cabeza. Transformó el botín de guerra en un objeto de culto ilícito, llamado efod, que condujo a la idolatría en Israel.

Sansón es más conocido por sus escapadas románticas con Dalila que por cualquier otra cosa, aunque aquel coqueteo no fue más que un episodio en sus años de perseguir faldas y matar filisteos. Sansón era lo que la Biblia llama un nazareo. Normalmente, una persona solo era nazarea por un breve período, durante el cual había tres grandes «nadas»: nada de peluqueros, nada de alcohol, y nada de cadáveres. Es decir, no podían cortarse el pelo, consumir alcohol ni producto alguno de la uva, ni tocar nada muerto. Sin embargo, Sansón fue toda su vida un nazareo. Además rompió sus votos tantas veces como los cumplió.

El Señor dotó a Sansón de una fuerza sobrenatural: una fuerza que se encontraba en la parte superior de la cabeza de Sansón, en su pelo; no en sus bíceps, pectorales ni cuádriceps. Cuando su amante, Dalila, lo engañó para que revelara la fuente de su poder, hizo que le cortaran el pelo mientras dormía. Al perder su pelo, perdió también su fuerza. Sus antagonistas, los filisteos, lo capturaron, le sacaron los ojos, lo encadenaron y trataron de convertirlo en el blanco de sus bromas durante una fiesta en el templo. Sansón, a quien ya había empezado a crecerle el pelo, aprovechó la ocasión. Oró para que el Señor le devolviera las fuerzas. Dios lo hizo. Sansón derribó las columnas del templo, derrumbando el edificio sobre todos los presentes. Él rió último. Se nos dice que este hombre-ejército mató más enemigos al morir que a lo largo de su vida.

Sansón, fuerte y débil, guerrero y mujeriego, fue un espléndido modelo de la época en que vivió. Fue el hombre de Dios tal como los israelitas eran el pueblo de Dios.

Fue infiel tal como lo era su pueblo. Hizo la guerra a los filisteos, pero *también* les hizo el amor a las filisteas. El Señor lo usó, pero Sansón también abusó de su posición para actuar de manera impía. Con demasiada frecuencia, Sansón hizo lo que le pareció bien ante sus propios ojos. Esa cosmovisión, esa retorcida brújula «moral», se repite en Jueces: «En aquellos días no había rey en Israel. Cada uno hacía lo que le parecía bien ante sus propios ojos» (17:6; 21:25). Esas son las líneas finales y culminantes del libro, pronunciadas tras cinco capítulos de desgarradores incidentes de idolatría, violación, descuartizamiento de cadáveres y otras escenas de matanza y anarquía.

Cada uno hacía lo que le parecía bien ante sus propios ojos. Si ha existido una forma garantizada de crear el infierno en la tierra, es esa.

Sin embargo, por muy mal que anduvieran las cosas en Jueces, había signos reveladores de esperanza y renovación, como pequeñas briznas de hierba verde que crecían entre las grietas de una acera dura y sin vida. El más importante de ellos se conserva en el hermoso librito llamado Rut, que sigue inmediatamente a Jueces y se ambienta en aquel período de tiempo. He aquí la historia de una familia que lo ha perdido casi todo. ¿El padre? Muerto. ¿Los dos hijos? Muertos. Solo quedaban la madre, Noemí, y sus dos nueras, una de las cuales se comprometió a quedarse con ella, pasara lo que pasara. Esa nuera, Rut, no era israelita, sino una mujer de Moab, país vecino de Israel ubicado al este. El libro que lleva el nombre de Rut narra la historia de su abnegada devoción a Noemí, las luchas de las mujeres en la ciudad de Belén y finalmente el matrimonio de Rut con un hombre llamado Booz, quien sirvió de redentor para la familia.

Booz y Rut fueron los bisabuelos de David, el niño de Belén que llegaría a ser el rey más grande de Israel, así como aquel cuyo oficio real prefiguró a Jesús, frecuentemente llamado el Hijo de David. Aprenderemos mucho más sobre David en los Capítulos 12–13. El libro de Rut, con sus temas de renovación, redención, y la esperanza de un futuro mejor, nos recuerda que, pese a los esfuerzos de la humanidad por arruinar la vida en este mundo, este sigue siendo el mundo de Dios, no el nuestro. Y él estaba dirigiendo los acontecimientos, grandes y pequeños, hacia el objetivo de la historia en el nacimiento de su Hijo para redimir a la humanidad.

Mientras lees Jueces, con su humor negro, sus aventuras sexuales y su violencia, debes recordar una verdad obvia pero chocante: este es el pueblo de Dios. Los israelitas eran lo que hoy llamamos «la Iglesia», el cuerpo de creyentes. ¿Eran una buena Iglesia? ¡Evidentemente no! Eran una masa de pecadores, que convertían las cosas en un desastre, hacían lo que parecía correcto a sus propios ojos, y a menudo actuaban en forma moralmente atroz. Sin embargo, el Señor se mantuvo obstinadamente fiel a las promesas que les había hecho, tal como lo hace con nosotros, pese a toda la fealdad que suele plagar a la Iglesia (y a los creyentes individuales) aún hoy. Su misericordia, y no nuestro pecado, siempre hablará más alto.

Bueno, puede que necesites un pequeño respiro después de este capítulo. ¡Lo entiendo! Recorrer algunas de estas historias no es para corazones débiles. ¿Qué hay en el horizonte? Estamos a punto de conocer a uno de los mayores profetas de Israel, Samuel, así como al primer rey del país, un tipo alto llamado

Saúl. Se avecinan cambios. Cambios en el liderazgo, la unidad y mucho más. Seguimos adelante, avanzando firmemente hacia nuestro hogar.

Capítulo 11

Saúl «La Roca»: Cazador de asnos, rey n.º 1 y loco

Al conducir por Norteamérica, verás que el paisaje cambia de zonas costeras a montañas, llanuras, desiertos y mucho más. El paisaje bíblico sufre sus propias alteraciones. A través de este capítulo veremos de primera mano un cambio importante en nuestro viaje. Hemos sido transportados por patriarcas. Hemos sido llevados por profetas y sacerdotes. Pero ahora, por primera vez, el hombre al volante lleva una corona. Y este rey, el primero de una larga estirpe en Israel, ha desplazado su asiento hacia atrás para dejar sitio a sus largas piernas. Nuestro conductor es el espigado Saúl, junto con el profeta que lo puso en el cargo, Samuel. Ambos nos adentrarán en una historia de sacerdotes malos, un arca robada, un reinado, desobediencia e incluso una visita nocturna a una bruja. Bienvenidos a 1 Samuel.

Cuando era camionero en el área rural, trabajé con un tipo que, literalmente, llevaba sus convicciones políticas bajo la manga. Su tatuaje decía «Anarquista». Es el único que he conocido en esa categoría. Creo que podemos afirmar que la mayoría de nosotros concuerda, aunque sea a regañadientes, en que se necesita alguna forma de gobierno. En la antigüedad, la mayor parte del liderazgo se centraba en un jefe de clan, un monarca o un grupo de ancianos. Las semillas de la democracia germinaron en la antigua Grecia y, por supuesto, florecen en la actualidad. En nuestro mundo también han surgido el socialismo, el comunismo y otras formas de gobierno. Algunos de estos sistemas políticos son mejores, otros peores y unos cuantos son horribles. Ninguno, sin embargo, es perfecto. ¿Por qué? Todo grupo gobernante y votante está compuesto por pecadores que siempre van a convertir todo en un desastre. De hecho, a la mayoría, la frase «desorden político» nos parece redundante.

¿Qué tipo de gobierno encontramos en el Antiguo Testamento? ¿Quién dirigía al pueblo de Dios? Hasta este punto de nuestra historia, las principales autoridades gobernantes eran los ancianos. En la Torá se hace referencia varias veces a este grupo como un conjunto delimitado de hombres que ayudaban a Moisés y Josué y además resolvían pleitos. Las ciudades y aldeas también tenían sus propios ancianos, los cuales se ocupaban de los asuntos locales y dictaban sentencias en una zona de la ciudad conocida como la «puerta». La puerta era la entrada de la ciudad, pero era también la zona pública donde se debatían cuestiones y se dictaban decisiones. Ciertamente en Israel no había democracia, pero tampoco había monarquía. Al menos, no todavía. Aunque Moisés y Josué, con algunos de los jueces, ejercían un liderazgo similar al de un rey, ninguno de ellos recibió ni utilizó ese título. Un historiador judío del siglo I llamado Flavio Josefo acuñó la palabra «teocracia» para describir el gobierno de Israel; significa «gobernado por Dios». El único rey de Israel era Yahvé. Sin embargo, como veremos en breve, eso estaba a punto de cambiar.

Para explicar cómo se produjo este cambio, primero debemos familiarizarnos con el segundo profeta importante de la Biblia, un tipo llamado Samuel. Le damos un apretón de manos en los primeros capítulos de los dos libros que llevan su nombre, 1 y 2 Samuel. Estos libros podrían haberse llamado más apropiadamente 1 y 2 David, ya que este emerge rápidamente como el personaje dominante.

El niño Samuel tuvo en realidad dos familias: la biológica, en la que nació, y la sacerdotal, en la que creció. Ambas eran algo caóticas. Su padre era polígamo, con dos esposas. Una de ellas se llamaba Penina, que parecía tan amable como Cruella de Vil. La otra era Ana, madre de Samuel. Antes de que Samuel naciera, Ana había luchado por años contra la infertilidad. Finalmente, en respuesta a sus oraciones, Dios abrió su vientre y el pequeño Samuel hizo su entrada en el mundo. El nombre hebreo de esta pequeña respuesta a la oración es *Shemuel*, que significa muy apropiadamente «oída por Dios».

¿Recuerdas que en el capítulo anterior hablamos de los nazareos «sin peluquero», de los cuales Sansón era uno? Samuel también lo era. Ana prometió a Dios que, si le daba un hijo, lo consagraría al Señor como un nazareo. Y eso hizo. Cuando Samuel era apenas un niño en edad preescolar, su madre lo llevó al tabernáculo de Silo para que viviera y creciera bajo la tutela de un anciano sacerdote llamado Elí. La parte de Ana en la historia concluye con una hermosa canción que ella canta. En el Antiguo Testamento, es el paralelo de la canción que otra madre, la virgen María, canta en el Nuevo Testamento. Puedes leer la de Ana en 1 Samuel 2 y la de María en Lucas 1.

¿Cómo era la familia sacerdotal en la que creció Samuel? Imagina una iglesia en la que el pastor principal es un padre de cabello cano, con sobrepeso y apático, y sus dos hijos buenos para nada son los copastores. Mientras estos hermanos se acuestan con numerosas trabajadoras de la iglesia y se llevan el dinero de las ofrendas, el anciano hace la vista gorda ante sus maldades o solo los reprende a medias. Así son Elí y sus hijos. Esa es la familia sacerdotal en la que Samuel pasó de ser niño a ser hombre. De hecho, el primer sermón que el Señor encarga al joven Samuel predicar es que el desastre caerá sobre su familia sacerdotal adoptiva. Y así sucede. Cuando los israelitas salen a la batalla contra los filisteos, los dos hijos de Elí mueren, y el arca del pacto es tomada como botín de guerra. Su padre, al enterarse de la noticia, cae de espaldas en su silla, se rompe el cuello y muere en el acto. Un triste final para una mala situación.

Sin embargo, como Dios suele hacer, de los escombros de esta muerte y derrota, levantó una nueva esperanza para su pueblo. Levantó a Samuel; lo edificó para ser profeta, juez y líder. Y como tal, fue bueno, pero… (siempre hay un «pero», ¿verdad?) Samuel parece haber sufrido el mismo problema que muchos también enfrentamos hoy: repitió los errores de su propia educación. Había sido criado por un sacerdote que además había criado a dos hijos rebeldes. Y parece que los propios hijos de Samuel no salieron mucho mejor que los dos hijos de Elí. En lugar de seguir el fiel camino de su padre, aceptaban sobornos y pervertían la justicia. Las cosas se pusieron tan mal que los israelitas se quejaron ante Samuel de la maldad de sus hijos. Pero eso no fue todo. Quisieron llenar este vacío de liderazgo fiel con algo que otras naciones tenían, pero que para Israel era radicalmente novedoso: un rey.

El verdadero problema que Dios tuvo con Israel por pedir un rey no se debió al cargo en sí. Ya en tiempos de Moisés había hablado de un futuro rey y había establecido lo que este gobernante debía y no debía hacer (Dt 17:14-20). El problema era el siguiente: los israelitas querían ser como todas las demás naciones. Recuerda: «todas las demás naciones» eran precisamente aquellas a las que Israel *no debía* parecerse. Imitar a los cananeos y a otros «-eos» nunca era una buena jugada para el pueblo del Señor: «*Eh, imitemos a esa gente… ya sabes, aquellos que Dios consagró para la destrucción porque eran malos*». Así que, parafraseando lo que el Señor le dijo a Samuel: «Escucha, es a mí a quien están rechazando como su verdadero rey, no a ti. Este es un acto más de rebelión en su kilométrica hoja de antecedentes penales. ¿Quieren un rey? Muy bien. Dales lo que quieren; *ese será su castigo*. Solo asegúrate de que sepan anticipadamente que los tres verbos favoritos de este rey serán "tomar, tomar y tomar". Tomará a los hijos de ellos para que sean siervos y soldados de él. Tomará su dinero por medio de impuestos. Tomará sus tierras y cosechas para él». Samuel transmitió esta funesta predicción al pueblo, pero sus palabras cayeron en oídos sordos. Estaban decididos a poner la corona en la cabeza de alguien. Y, en un santiamén, lo hicieron.

Si en ese tiempo hubiera existido la NBA, uno de los titulares del equipo israelita de baloncesto podría haberse llamado Saúl. La Biblia es conocida por su reticencia a dar descripciones físicas de las personas, pero no así con Saúl. Se nos dice que era «joven y bien parecido. No había nadie más bien parecido que él entre los israelitas; de los hombros arriba sobrepasaba a cualquiera del pueblo» (1 S 9:2). Buen aspecto. Estatura superior. Era el Dwayne «La Roca» Johnson del Antiguo Testamento, como lo apodó Daniel Emery Price, mi copresentador en nuestro pódcast «40 Minutes in the Old Testament» (40 minutos en el Antiguo Testamento). Saúl «La Roca».

Conocemos a Saúl cuando no es más que un hombre que vaga por las laderas de Judea, a la caza de los asnos perdidos de su padre. Cuando vuelve a casa, unos días más tarde, ha sido «cambiado en otro hombre», como dice la Biblia (1 S 10:6). Samuel lo encuentra y lo unge. Es llenado del Espíritu y profetiza. Israel lo aclama públicamente como rey. ¡Qué vertiginoso giro de los acontecimientos para este joven! En tan solo unos días pasa de ser cazador de asnos a jefe de una nación.

Poco después, Saúl La Roca tiene la oportunidad de demostrar a sus conciudadanos que tiene lo necesario para dirigir la nación. Una ciudad israelita llamada Jabes de Galaad es sitiada por el enemigo y recibe un ultimátum espantoso: o mueren, o se rinden y se les saca el ojo derecho. De más está decir que ninguna de las dos alternativas es atractiva. Cuando Saúl es informado, entra en acción de inmediato. Reúne a las tropas, al día siguiente ataca y los aspirantes a arrancadores de ojos huyen a toda prisa. Esta victoria no solo demostró la destreza militar de Saúl, sino que también le dio la oportunidad de mostrarse magnánimo con algunos de sus conciudadanos que anteriormente se habían burlado de sus habilidades. Una situación beneficiosa para todos. El pueblo se alegró. Hubo adoración. Se produjo una especie de segunda aclamación de su reinado. Como diría Charles Dickens, había «grandes esperanzas» puestas en este rey novato.

Sin embargo, el grato comienzo de Saúl pronto se agrió. Siglos antes, poco después de que Israel saliera de Egipto, un grupo llamado los amalecitas los había atacado cobardemente y sin piedad por la retaguardia, acabando con los rezagados, débiles y cansados. En ese momento, Dios le había dicho a Moisés que quería que al final borrara el recuerdo mismo de los amalecitas. Con Saúl, ese momento de juicio finalmente llegó. El rey y su ejército fueron a la batalla y obtuvieron una victoria decisiva contra los amalecitas. Sin embargo, en lugar de destruirlos a todos, Saúl perdonó la vida del rey y del ganado más selecto. Cuando Samuel se enfrentó a él por su desobediencia, Saúl respondió incoherencias, desviando la culpa y afirmando que había sido idea del pueblo perdonar al enemigo. Samuel estaba destrozado y furioso. Sabía lo que esto significaba. Un rey que no seguía la palabra de Dios no era apto para ser rey del pueblo de Dios. El profeta le dirigió al rey esta palabra dura pero clara: el Señor arrancará de ti el reino y le dará el trono a otro. No se menciona quién era ese «otro». Pero inmediatamente, a medida que la historia se desarrolla, nos enteramos de que el sustituto de Saúl sería un joven pastor, adolescente, que vivía en Belén. Se llamaba David.

Tras la desobediencia de Saúl y la reprimenda de Samuel, la vida del rey comienza a descontrolarse. Leemos que un «espíritu malo» lo aterrorizaba. Hoy diríamos que sufrió una crisis mental. Tenía fobia a todo. Pensaba que todo el mundo estaba contra él. Las cosas se pusieron tan mal que comenzó a arrojar lanzas a sus siervos e incluso a su hijo Jonatán. Como veremos en el próximo capítulo, Saúl se obsesionó con dar caza a David, utilizando todos sus recursos y energía para acabar con su rival.

Justo antes de morir en el campo de batalla, Saúl tocó fondo. Dios ya no le hablaba. Para entonces, Samuel había muerto de viejo. Saúl seguía creyendo en el Señor, pero ya no podía obtener guía alguna, ni por sueños ni por profetas. En su desesperación, tomó una decisión estúpida y perversa: se disfrazó para visitar a una bruja, una nigromante, a fin de pedirle que llamara a Samuel de la tumba para poder consultar al profeta lo que debía hacer. En una de las escenas más extrañas y espeluznantes de la Biblia, Samuel sube de la tierra, pero no está muy contento de haber sido molestado. Tan directo como había sido en esta vida, el profeta reprende a Saúl por su desobediencia, repite la advertencia de que Dios entregaría el reinado a otro (esta vez realmente nombra a David) y, finalmente, le dice a Saúl que al día siguiente morirá en batalla, él y sus hijos. Así termina el libro de 1 Samuel, con esta profecía hecha realidad. Saúl es herido en la batalla y cae sobre su propia espada. Tres de sus hijos mueren también en combate. La única buena noticia que se rescata de este deprimente final es que Samuel le había dicho a Saúl que, cuando muriera, el rey estaría «conmigo». Fueran cuales fueran las faltas de Saúl —y eran muchas—, él y sus hijos se reunieron con el profeta del Señor en la otra vida.

Quizás estés pensando: ¡Vaya, el primer rey de Israel no presagiaba nada bueno para el futuro de la realeza entre el pueblo del Señor! Y estarías parcialmente en lo cierto y parcialmente equivocado. Parcialmente en lo cierto porque, efectivamente, la inmensa mayoría de los reyes de Israel serían líderes podridos, egoístas e inconstantes, más dados a inclinarse ante los ídolos que a aferrarse fielmente a Dios. Anteriormente mencioné que el castigo de los israelitas consistió en obtener exactamente los reyes que ansiaban.

Pero también sería parcialmente incorrecto. Los reyes de Israel, especialmente David y los líderes semejantes a David de los que oiremos hablar en los próximos capítulos, ocuparon un cargo importante en el Antiguo Testamento. Como reyes, prefiguraron al Rey de reyes, el Mesías Jesús. Aunque ninguno gobernó perfectamente el reino de Dios, señalaron al Rey que lo haría. En los Evangelios, Jesús es llamado «Hijo de David» y «Rey». Vino para proclamar e instaurar el «reino de Dios», es decir, el reinado activo del Señor en la tierra a través de su Hijo. En la cruz, en el letrero que decía: «Jesús nazareno, rey de los judíos», vemos una proclamación de la verdad. La cruz es también su trono. Allí reina, ejerciendo su poder en la misericordia, su realeza en la proclamación del perdón. Vino para reinar sirviendo, dando su vida por todos nosotros.

Ya hemos oído hablar varias veces de este adolescente llamado David. Ha llegado el momento de saber más. Así que despídete de Samuel y de Saúl, y dirijámonos unos kilómetros al sur de Jerusalén, a la pequeña ciudad de Belén, para conocer a este famoso hijo de Isaí.

Capítulo 12

Aquel de quien cantaban
todas las muchachas

Aun quienes nunca han leído una página de la Biblia saben que una situación de «David contra Goliat» se refiere al enfrentamiento entre alguien en posición de desventaja y una fuerza abrumadora. Pero ¿quién es ese tal «David»? Lo averiguaremos a medida que avancemos en este capítulo y el siguiente. Lo veremos ascender de pastor a guerrero, y luego a rey. Pero el hombre que ocupa el asiento del conductor no es simplemente un héroe más; es el hombre que, mucho tiempo después, será recordado como aquel que dejó una huella indeleble en la mente de los israelitas. Si un encuestador hubiera recorrido las calles de la Jerusalén del siglo I y le hubiera preguntado al judío común a qué personaje del Antiguo Testamento se parecería el Mesías, la mayoría habría respondido: «A David, por supuesto».

¿Has estado alguna vez cerca de personas con las cuales Dios parece haberse tomado un poco más de tiempo? Me refiero a gente que marca todas las casillas. ¿Belleza?

Sí. ¿Condiciones deportivas? Sí. ¿Talento musical? Sí. ¿Valor, confianza e inteligencia precoces? Sí. Y, como si no bastara con todos esos dones, destacan como líderes, son simpáticos y siempre consiguen convencer a los demás de su punto de vista. Toma todas esas cualidades, añádeles algunas dotes actorales, astucia callejera y un don con las mujeres, y tendrás el retrato del joven David.

Se puede argumentar sólidamente que, aparte de Moisés, David es la persona de mayor impacto en la historia de la salvación del Antiguo Testamento. Jerusalén, una de las ciudades más importantes de la historia del mundo, solo adquirió importancia porque David la capturó para convertirla en la capital de Israel. Él es el rey paradigmático de Israel con el que todos los demás reyes son comparados o contrastados. Los Salmos tienen una influencia increíble en el culto y las creencias del pueblo de Dios; casi la mitad de ellos fueron escritos por David. El Señor le prometió que uno de sus descendientes sería el Mesías y se sentaría en su trono. De hecho, David tiene un vínculo tan estrecho con el Mesías que algunos profetas incluso apodan «David» al Salvador.

Al considerar todo esto, podríamos suponer que David, tal como, por ejemplo, Alejandro Magno, era hijo de un líder de renombre, bajo la tutela de célebres eruditos desde su infancia. El tipo de niño que, cuando es visto, la gente lo señala, diciendo: «¿Ves a ese chico? Ahí va el futuro de nuestra nación». Sin embargo, David no era así en absoluto. Pese a todos sus dones, era un campesino desconocido, oculto en una aldea recóndita de la región montañosa de Judea, y el menor de los ocho hijos de un hombre llamado Isaí. Su padre criaba ovejas, de las que el adolescente David era pastor. Podría suponerse que su vida no habría sido diferente de la de decenas de miles de otros israelitas cuyos nombres no tuvieron importancia para los historiadores. Sin embargo, un día, el profeta Samuel se presentó en su aldea de Belén. A partir de ese momento, la vida de David, y las nuestras aún hoy, cambiaron para siempre.

Del capítulo anterior recordarás que Samuel había informado a un desobediente Saúl que sus días como rey estaban contados. La posterior paranoia de Saúl hizo necesario que Samuel actuara con sigilo al ungir al sustituto de Saúl. Dirigido por Dios, viajó secretamente a Belén, se reunió con Isaí e hizo que, por disposición de este, todos sus hijos desfilaran ante él. Uno, dos, tres, cuatro, cinco, seis, siete, todos ellos desfilaron ante el profeta. Aunque Samuel consideró que varios de ellos tenían madera de reyes, Dios negó con la cabeza frente a cada uno de ellos. Le recordó a Samuel que él «mira el corazón», es decir, toda la disposición interior de una persona. Ninguno tenía lo que el Señor buscaba. Y luego, en un momento cómico, cuando Samuel pregunta a Isaí si tiene más hijos, es como si este se hubiera dado una palmada en la frente y hubiera dicho: «¡Ah, sí, casi lo olvido! Está el más joven, pero anda fuera, cuidando de las ovejas». David es traído del campo. Cuando aparece, el Señor dice al profeta: «Levántate, úngelo; porque este es» (1 S 16:12). Se derramó un cuerno de aceite de oliva sobre la cabeza del muchacho y el Espíritu de Dios vino sobre él. David se convirtió en un mesías (con minúscula), que en hebreo significa «ungido».

La elección de David por parte del Señor es una lección crucial sobre su forma divinamente inversa de hacer las cosas. En una historia tras otra, el Señor pasa por alto a los candidatos obvios. En lugar de utilizar a veinteañeras recién casadas para dar a luz a los hijos prometidos, utilizará a mujeres ancianas e infértiles. Con frecuencia, serán personas no israelitas —como Rut o Rahab— quienes muestren una mayor fidelidad a Dios que los israelitas. En repetidas ocasiones, el Señor pasa por alto al primogénito para elegir a uno que nació después, o, como en el caso de David, al que nació último.

Dios hace esto no simplemente para mantenernos atentos, sino para mostrarnos que sus caminos no son los nuestros, y que él tiende a ocultarse bajo lo opuesto. Este proceder inverso de Dios encuentra su cumplimiento definitivo en Jesús, que también nace en Belén, que se cría en la aldea rural de Nazaret, que exteriormente no era distinto de otras personas, y que fue ejecutado públicamente por el Estado romano de un modo intencionalmente diseñado para ser vergonzoso y horrible. No obstante, ¿quién es Jesús? Es Dios en carne y hueso, lo extraordinario oculto en lo ordinario, aun en la vergüenza y la aparente necedad de la cruz.

El resto de la vida de David es digno de una experiencia cinematográfica de tres horas. Nos centraremos en algunas escenas de 1 Samuel que pintan un retrato de este hombre.

Esta primera parte podría llamarse los años jóvenes y salvajes de David, llenos de batallas y cuasifracasos y de sus primeros romances con un creciente harén de esposas. Durante su adolescencia, acepta audazmente un combate uno a uno con un soldado de Filistea extraordinariamente grande llamado Goliat. David lo derriba disparándole una piedra con su honda, una antigua y letal arma de combate, y luego le corta la cabeza con la enorme espada de Goliat.

Si has leído la *Ilíada* de Homero, sabrás que a menudo los soldados pronunciaban discursos en el campo de batalla mientras se preparaban para intercambiar golpes. Antes de matar a Goliat, David pronuncia el suyo. Insiste en que no es su batalla, sino la de Dios. No saldrá victorioso porque sea el mejor soldado, sino porque viene en nombre del Señor. Cuando lees los Salmos de David, oyes ecos de este mismo lenguaje. Este joven soldado, sin armadura y armado únicamente con una honda, puede parecer el que tiene menos posibilidades, pero no te engañes. Ciertamente no es el caso. Si Dios está de tu parte y tienes todo un mundo de gigantes en tu contra, los desvalidos son ellos, no tú. En otras palabras, David sale victorioso porque el Señor luchó en él y a través de él. No es distinto de cuando Jesús, el Hijo de David, se enfrentó a los gigantes del pecado y la muerte en el campo de batalla de la cruz y la resurrección. La victoria de Cristo por nosotros nunca estuvo en duda porque, del mismo modo, el compromiso del Padre con Jesús nunca estuvo en duda. Vino en nombre del Señor para luchar y vencer por nosotros.

Cuando David mató al gigante, fue el momento en que experimentó la versión antigua de «hacerse viral». Atrás quedaron los días de su anonimato. Él y Jonatán, el hijo de Saúl, se unieron como los mejores amigos. Tan evidentes eran las habilidades militares de David que el rey lo nombró general de su ejército. Cuando él y sus tropas regresaron de la batalla, las mujeres los festejaron con canciones sobre David. Sin embargo, tal adulación resultó ser un arma de doble filo, pues las mismas canciones que alababan a David lo hacían comparándolo con Saúl —comparaciones en las que David siempre era superior—. Este aumento de la popularidad del joven David también suscitó temor y envidia en un Saúl cada vez más beligerante.

Primero con sigilo y luego abiertamente, Saúl adoptó la misión de exterminar a este joven advenedizo que tenía embelesada a toda una nación. En un intento de matar a David utilizando las manos del enemigo, el rey le prometió casarlo con su hija Mical, pero solo si pagaba una dote nupcial de cien prepucios filisteos (¡sin duda, la dote más extraña jamás vista!). David, que nunca retrocedía ante un desafío, regresó con *doscientos* prepucios y se convirtió en yerno del rey. Cuando la guardia de Saúl no consiguió asesinar a David, el rey intentó atravesarlo con una lanza. Cuando David huyó a las colinas y reunió a su alrededor una banda de luchadores ferozmente leales, Saúl inició una persecución por todo el país. En más de una ocasión, el astuto David se acercó tanto a Saúl que podría haberle puesto fácilmente un cuchillo en la garganta, pero no puso una mano sobre el ungido del Señor. Más tarde, en un vuelco irónico, David, principal amenaza para los filisteos, fue en realidad acogido en el campamento enemigo mientras eludía a Saúl. Solo cuando el rey murió en el campo de batalla —de lo cual hablamos en el capítulo anterior— David pudo finalmente regresar con seguridad a su tierra y a su pueblo.

Literal y figuradamente, en el centro mismo de la Biblia está el libro de los Salmos. Estos 150 poemas, de los cuales David compuso aproximadamente la mitad, abarcan desde himnos de alabanza hasta lamentos y reflexiones sobre la Palabra de Dios y la historia de Israel. Los Salmos se distinguen por ser palabras de Dios que se convierten en nuestras palabras de oración a Dios. Citas o ecos de ellos se entretejen con toda la vida de Jesús, desde su concepción hasta su crucifixión. Cuando los leas —o mejor aun, cuando los ores—, ten presente que estos 150 poemas son un compendio de todo lo que las Escrituras nos enseñan sobre Dios, sobre nosotros mismos y sobre la obra salvadora del Mesías.

Podríamos suponer que este punto de inflexión en la vida de David fue el momento en que por fin las cosas empezaron a encajar para él. Y, en cierto sentido, estaríamos en lo cierto. David sería coronado rey de una parte de Israel y, al cabo de unos años, consolidaría su poder sobre toda la nación. Capturaría Jerusalén y la establecería como su capital. Reduciría a los pueblos circundantes a la condición de vasallos y se le prometería que el Mesías sería su descendiente. Así que, sí, ciertamente el sol de David comenzó a salir justo cuando el sol de Saúl se puso.

Por otro lado, el Dios de David, el mismo Dios que sigue actuando hoy en nuestras vidas, es a menudo una deidad nocturna. No al mediodía del éxito, sino a la medianoche de la prueba, se levanta para entrar en nuestros corazones y comenzar la labor decisiva de deshacernos y rehacernos como los hijos que quiere que seamos. No es casualidad que muchos de los hermosos salmos de David se hayan escrito durante aquellos años feos. Con el alma angustiada, clama desde una cueva. Lamenta lo que percibe como una ausencia del Señor en un páramo estéril. Aunque ciertamente David no deseaba ni acogía con agrado esta época de sufrimiento, el fruto que dio en su vida es un amplio testimonio de que Dios no estaba en absoluto lejos de él. Se encontraba allí, en medio de su dolor. El oscuro desierto era el taller del Señor para convertir a David en el hombre y el rey que un día llegaría a ser.

Más que ninguna otra cosa, Dios estaba mostrando a David que él era el único Dios que David necesitaba. Los filisteos tenían su deidad. Los amonitas y moabitas tenían la suya. En el mundo de David, al igual que en el nuestro, no escaseaban las opciones de dioses en el menú religioso. Sin embargo, todas esas supuestas deidades ofrecían a sus devotos lo mismo que hoy ofrecen a sus adoradores el dinero o el sexo o el poder: un bocado de sal al que está muriendo de sed. En lugar de satisfacer a sus adeptos, los falsos dioses solo amplifican la necesidad. No pueden amar. No pueden perdonar. Pero lo que sí pueden, y reiteradamente lo hacen, es deshumanizar a sus adoradores. Los que se inclinan ante sus altares se convierten en personas con almas bestiales que actúan de forma totalmente contraria al propósito con que el Creador las hizo. Por esta razón, en los Salmos, David utiliza frecuentemente metáforas animales para describir a quienes guerrean contra el Dios verdadero. Son como perros, que vagan por las calles de la ciudad. Son como leones, deseosos de desgarrar y devorar a su presa. Son como serpientes, cuyo veneno está en sus lenguas calumniadoras. La idolatría produce un zoológico humano que finge ser un templo.

En estos primeros años de la vida de David, desde su unción secreta en Belén hasta su proclamación pública como rey tras la muerte de Saúl, el Señor estaba haciendo que David fuera plenamente consciente de que su única esperanza, su única salvación, estaba en él. Por eso, la vida de David fue un modelo para la vida del Hijo de David. Ambos nacieron en la misma ciudad. Ambos tuvieron que exiliarse para evitar ser asesinados por reyes (Saúl y Herodes). Ambos fueron objeto de conspiraciones y calumnias, y finalmente reinaron en Jerusalén: David desde su trono, y Jesús desde su cruz. El Hijo de David sabía que su Padre estaba con él; confiaba en él. Muchas veces, los labios de Jesús pronunciaron palabras extraídas de los salmos de David. Lo que estos salmos decían de David, lo dijeron de Cristo con aun mayor exactitud.

Necesitaremos otro capítulo para terminar de ver la vida de David, pero esta parte del viaje debería bastar para hacernos plenamente conscientes de que una Biblia sin David sería como una historia de dramaturgos sin Shakespeare o un documental de rock sin los Beatles o los Rolling Stones. La mayor parte de lo que hemos hablado hasta ahora es tratado en 1 Samuel. Volteemos ahora la página a 2 Samuel, donde aprenderemos más sobre el reinado de David, su caída, y una desgarrada historia familiar que finalmente conduce a su hijo Salomón, quien reina en lugar de David.

Capítulo 13

La espiral descendente
de David

En este capítulo iremos cuesta arriba, desde la llanura costera, junto al Mediterráneo, pasando por las estribaciones de Judea, hasta las montañas. ¿Nuestro destino? Jerusalén. De hecho, una vez que encontremos un buen lugar, estacionaremos el vehículo por bastante tiempo. En lugar de hacer dedo, pasearemos por las estrechas calles de esta ciudad santa durante varios capítulos. David ha convertido este lugar en su capital, como lo será también para su hijo Salomón y todos los reyes que lo sucedan. Aquí veremos a David arruinar su vida, a Salomón reinar con sabiduría para luego arruinarse de manera terrible, y después veremos a una serie de gobernantes, la mayoría de los cuales se inclinarán hacia la idolatría. Llegaremos a esa sórdida historia, pero antes debemos completar la vida, el reinado y la muerte de David.

Con Saúl fuera de la escena, podríamos pensar que todo iría sobre ruedas para David. Tomaría las riendas de Israel y lo guiaría como rey. El pueblo apoyaría a este apuesto y querido matagigantes. Sin embargo, al principio las cosas fueron un poco accidentadas. Aunque David había sido ungido como rey de la nación, durante los primeros siete años y medio fue más bien un mero jefe de su propia tribu de Judá.

Esto es lo que ocurrió: uno de los hijos supervivientes de Saúl, Isboset, había ocupado el lugar de su padre como rey de la mayoría de las doce tribus de Israel. El país estaba dividido; se produjo una especie de guerra civil, con continuas escaramuzas entre el norte y el sur. Pero cuando el general de Isboset, un hombre llamado Abner, se pasó al bando de David, los días del hijo de Saúl estuvieron contados. No obstante, una vez que el traidor desertó hacia el sur, las cosas se torcieron para él. Abner fue asesinado por Joab, uno de los generales de David. Más tarde, Isboset fue asesinado por dos de sus compatriotas. Como ha ocurrido a menudo en la historia del mundo, los primeros años de los reinados de estos reyes fueron desfigurados por la brutalidad y el derramamiento de sangre.

Ese es un hecho digno de mención: la historia bíblica es el registro de cómo Dios dirigió los acontecimientos hacia su meta en Jesús, sin duda, pero estos mismos acontecimientos están manchados por puñaladas por la espalda, aventuras sexuales, rebeliones y actos groseramente egoístas de hombres y mujeres. La historia de la Biblia no es un documental pulcro y ordenado de ciudadanos honrados que realizan diligentemente actos rectos para guiar la historia hacia su culminación en Cristo. Más bien, es la historia de pecadores que hacen cosas pecaminosas, todo lo cual, no obstante, es utilizado por el sabio Señor de la historia para el bien, para su propósito final de salvarnos. Si Dios esperara a que personas perfectas realizaran actos santos a fin de llevar a cabo su misericordioso plan de salvación, este nunca se llevaría a cabo. Esas «personas perfectas» no existen. Todo lo que el Padre puede utilizar en su obra son personas pecadoras y débiles, como nosotros.

Finalmente, tras seguir a David desde que era un joven pastor hasta que se convirtió en héroe nacional y jefe tribal, ahora lo vemos, a la edad de treinta años, elevado como un poderoso monarca sobre un Israel unido. Para entonces es un hombre con muchas esposas, así como un número creciente de hijos. Una de sus primeras tareas fue establecer una capital, lo cual consiguió al capturar Jerusalén de manos de sus habitantes originales, los jebuseos. Aunque David nació en Belén, ese antiguo sector de Jerusalén sería bautizado en adelante como «la ciudad de David». Si visitas Israel hoy, puedes participar en una visita guiada por esta parte de la ciudad. Allí quedan visibles antiguos muros de piedra, en los que los arqueólogos han excavado hasta la época de David (hacia el 900 a. C.).

Con Jerusalén bajo su control, David también decidió que había llegado el momento de trasladar a la ciudad el objeto más sagrado de su nación: el arca del pacto. Era el estrado del Señor, desde donde reinaba entre los dos querubines de oro, situados uno a cada lado. Puesto que David, el rey elegido por Dios, reinaba en Jerusalén, era apropiado que el Dios de David, el Rey de reyes, tuviera también allí este trono-emblema. Aunque al principio la llegada del arca a Jerusalén se retrasó por un estallido de la ira divina ante el traslado incorrecto del arca, finalmente esta fue llevada a la ciudad con una alegre fanfarria, mientras David danzaba delante de ella.

Por generaciones, desde que Israel había acampado en el monte Sinaí, Dios se había desplazado ocupando como morada una tienda (el tabernáculo). Por aquel entonces, con el reino firmemente bajo el control de David, este decidió que ya era hora de que se construyera una estructura permanente, un templo, para el Señor. Sin embargo, Dios dijo: «No tan deprisa». Ese templo se construiría, sin duda, pero sería el hijo de David, Salomón, quien supervisaría la construcción. El Señor, no obstante, dijo: «Tengo una idea mejor». Dios construiría una «casa» para David: no un edificio de madera, o de piedra, sino una casa-dinastía. Sus hijos, nietos y bisnietos se sentarían en el trono de Jerusalén. Mejor aun —¡mucho mejor!—, uno de los descendientes de David se sentaría en ese trono para reinar sobre un reino que no tendría fin.

Esta promesa, expresada en 2 Samuel 7, tiene una importancia capital en la historia de la salvación. Se alza como una montaña desde cuya cima podemos contemplar el despliegue del futuro. Desde que el Señor les dijo por primera vez a Adán y Eva que un día se levantaría una simiente, un descendiente, para destruir la obra del diablo aplastándole la cabeza, los creyentes habían estado esperando. La promesa se transmitió a Noé, a Abraham, a Moisés y así sucesivamente. Poco a poco, el pueblo del que provendría este descendiente se hizo más estrecho: de la humanidad en general, a la línea de Abraham, y de esta a la tribu de Judá. Cuando Dios hizo esta promesa a David, se redujo todavía más: el Mesías, el Salvador tan esperado, procedería de su árbol genealógico. Por eso, cuando Jesús fue concebido dentro del vientre de la virgen María, el ángel Gabriel le dijo: «Este será grande y será llamado Hijo del Altísimo, y el Señor Dios le dará el trono de Su padre David; y reinará sobre la casa de Jacob para siempre, y Su reino no tendrá fin» (Lc 1:32-33). Esta es también la razón por la que, a medida que los Evangelios narran la historia de Jesús, registran múltiples ocasiones en las que la gente habló de Jesús como el «Hijo de David». Y es por ello, también, que, como señalé en el capítulo anterior, los profetas del AT se refirieron a veces al Mesías como «David».

Hay una parte de mí que desearía que pudiéramos concluir este capítulo con una nota elevada y positiva como esa. Pero no podemos. Si lo hiciéramos, descuidaríamos lo que la Biblia no rehúye registrar: la caída de David. Y no solo su caída, sino también las numerosas repercusiones de ella que alteraron vidas y causaron destrucción familiar. Destacaremos solo algunos de estos puntos bajos, pero puedes leerlos con vívido detalle en 2 Samuel 11 a 1 Reyes 2.

Todo empezó durante un paseo nocturno por la azotea del palacio del rey. Desde su elevada posición, David divisó a una mujer bañándose. Era una mujer muy hermosa. Hizo algunas averiguaciones para descubrir quién era. La historia debería haber terminado ahí, no solo porque David ya estaba cometiendo el pecado de la lujuria, sino también porque le informaron que se trataba de Betsabé, esposa de uno de los mejores amigos de David, un compañero de armas llamado Urías. Sin embargo, por desgracia, la historia estaba lejos de terminar. Betsabé fue convocada al palacio, donde ella y el rey tuvieron relaciones sexuales. La Biblia nunca dice si Betsabé estaba dispuesta o no (en hebreo existe una palabra para «violación»; aquí no se utiliza). Lo que sí sabemos es que solo se culpa de este pecado sexual a David, no a Betsabé.

Poco después, Betsabé, al descubrir que estaba embarazada, informó a David. En lugar de confesar su pecado, el rey intentó encubrirlo. Llamó a Urías para que saliera del campo de batalla y regresara a Jerusalén. David supuso que este soldado aprovecharía alegremente su permiso para pasar unas horas románticas con su encantadora esposa. De ese modo, cuando el embarazo de Betsabé comenzara a ser visible, nadie pondría en duda la paternidad del niño. Sin embargo, el plan de David se vino abajo. Urías, un soldado fiel e incondicional, rechazó toda comodidad del hogar mientras sus compañeros guerreros arriesgaban la vida en el campo de batalla. Durmió cada noche en el pórtico del palacio, con los sirvientes, aunque obviamente su casa era visible desde el palacio. Finalmente, frustrado por la negativa de Urías, David descendió al nivel más bajo: envió un mensaje al general, diciendo, más o menos: «Deshazte de Urías y haz que parezca una baja de guerra». Y ¿quién llevó este mensaje? El propio Urías. Sin saberlo, llevaba su sentencia de muerte en el bolsillo.

Después, la espiral descendente de David no hizo más que acelerarse. Urías fue asesinado en el campo de batalla, junto con otros. El rey, en una hipócrita muestra de «misericordia», tomó a la viuda de guerra, Betsabé, como esposa. Tuvieron un hijo. El profeta Natán se enfrentó a David para llamarlo a arrepentirse de la maldad de haber asesinado y tomado la mujer de otro hombre. El rey confesó y fue perdonado. Sin embargo, el niño nacido de Betsabé enfermó y murió, como Dios lo había decretado. Pero la muerte de este niño, consecuencia directa del pecado de David, fue solo el principio de los males del rey. En términos inequívocos, Natán le dijo que sobre la casa de David pendía ahora una espada, y que el mal surgiría de la propia familia del rey.

Y efectivamente el mal surgió. En abundancia. Amnón, uno de los hijos de David, deseó y violó a su hermanastra Tamar. Absalón, hermano de ella, esperó su momento y luego se vengó del agresor, su hermanastro, organizando el asesinato de Amnón. Para eludir el castigo, Absalón huyó del país a fin de vivir con los parientes de su madre. Cuando finalmente David permitió que su hijo regresara, lo acogió fríamente, negándose incluso a verlo por dos años enteros. Absalón se hartó de su padre. Este hijo de David era un hombre deslumbrantemente apuesto, famoso por su larga cabellera. Empezó a robar los corazones de sus compatriotas israelitas, dándoles la mano en la puerta de Jerusalén, y desprestigiando a su padre como un rey severo del que nunca podrían obtener justicia. Finalmente, una vez que el hierro estuvo caliente, Absalón atacó. Dio un exitoso golpe militar. Mientras su padre y sus partidarios huían para salvar sus vidas, Absalón tomó el poder. Para dejar perfectamente claro que ahora gobernaba él, organizó un espectáculo público: levantó una tienda de campaña en la azotea del palacio —el mismo lugar donde David había sido un mirón— y se acostó con todas las concubinas de su padre.

Segundo de Samuel dedica varios capítulos a este golpe, su éxito preliminar y su fracaso final. A través de algunos consejeros que trabajaban secretamente para él, David pudo incitar a Absalón a tomar algunas malas decisiones militares que finalmente lo condujeron a la derrota y la muerte. Irónicamente, su famoso pelo largo acortó su vida. Se le enganchó en un árbol cuando su mulo pasó por debajo de las ramas. Estaba allí colgado cuando las fuerzas de David lo encontraron, convirtiéndolo en un blanco humano para las lanzas de Joab, el principal general de David, que lo ejecutó en el acto. Pese a todo lo que Absalón había hecho para sembrar el caos en la vida de David, aquel rebelde seguía siendo su hijo. Y este rey, en uno de los lamentos más desgarradores de la Biblia, exclama, al enterarse de la muerte de Absalón: «¡Hijo mío Absalón; hijo mío, hijo mío Absalón! ¡Quién me diera haber muerto yo en tu lugar! ¡Absalón, hijo mío, hijo mío!» (2 S 18:33).

¿Qué más diremos de los últimos años de David? Después de que su hijo tomó el poder y fue derrotado, un hombre llamado Seba protagonizó otra rebelión, la cual fue fácil y rápidamente sofocada. La tierra sufrió una hambruna de tres años. David enfureció a Dios durante un censo y trajo sobre la tierra una plaga que mató a decenas de miles de israelitas. Por último, vemos a David anciano, temblando en la cama, recibiendo calor del cuerpo de una hermosa joven virgen. Dos de sus hijos se disputan el trono, y David da órdenes para vengarse de fulano y zutano, a quienes Salomón debe matar después de que David haya muerto. Es algo muy feo. Es decepcionante. Asqueroso, incluso. ¿Qué fue de aquel joven pastorcillo que era el hombre conforme al corazón de Dios?

Ese joven pastorcillo se convirtió en un hombre que hizo lo que los hombres suelen hacer, sobre todo los que ocupan puestos de poder. Se volvió narcisista. Descuidó a su familia. Las cosas se desmoronaron de manera horrible. Y no solo sufrió David. También sufrieron su familia, sus amigos e innumerables ciudadanos.

Quizás te preguntes —¡comprensiblemente!— cómo es posible que David, con todos esos defectos, se convirtiera en el Rey Modelo de Israel, con el que todos los reyes posteriores serían comparados. Es muy sencillo: sin importar cuántas veces y de cuántas maneras David arruinara su vida, siempre volvía al único Dios verdadero en busca de perdón. A diferencia de casi todos los reyes posteriores, David no dobló la rodilla ante Baal, Asera, Moloc ni ningún otro ídolo. Sabía y creía que el perdón se encuentra solamente en el Señor. En el único Dios verdadero encontramos a un Padre que no solo puede borrar nuestros pecados, sino que lo hace gustosamente. Ningún dios falso puede hacer eso. Los ídolos te dejarán abandonado con tus pecados, sin forma de expiarlos. Pero, como escribe David en uno de sus muchos salmos: «En Ti [oh Señor] hay perdón» (Sal 130:4). Y: «Te manifesté mi pecado, y no encubrí mi iniquidad. Dije: "Confesaré mis transgresiones al Señor"; y Tú perdonaste la culpa de mi pecado» (32:5).

Aquí estamos, entonces. «El rey ha muerto, ¡viva el rey!». Pero dos de sus hijos reclaman ser el legítimo heredero del trono. ¿Cuál será? Nosotros seguimos sin movernos de Jerusalén, caminando por las calles, y oyendo el parloteo de la gente mientras todas las miradas están puestas en el palacio. ¿Qué ocurrirá a continuación? Lo veremos en el próximo capítulo, cuando Betsabé reaparezca en la historia para allanar el camino hacia la coronación de su hijo.

Capítulo 14

Salomón, el necio más sabio

La tensión es palpable en las calles de Jerusalén. Arriba, en el palacio, el encanecido David está en cama. Le queda poco tiempo. No lejos de Jerusalén, el mayor de los hijos vivos del rey está de fiesta con sus amigotes, firmemente convencido de que pronto sentará su parte posterior en el trono real. También corren rumores de que, en la trastienda, maniobras políticas llevarían a la coronación inmediata de otro hijo, Salomón, mientras David aún esté presente para dar el visto bueno a esa elección. ¿Qué ocurrirá? Entremos de puntillas en la residencia real y escuchemos a escondidas las conversaciones que están ocurriendo. Nos adentraremos en la historia registrada en 1 y 2 Reyes, y contada de nuevo en 1 y 2 Crónicas.

A veces añadimos adjetivos a los nombres de líderes famosos o infames de la historia mundial. Piensa en Iván el Terrible, Juana la Loca, Alejandro Magno, Ricardo Corazón de León, etcétera. La exactitud de estos apodos es discutible (es decir, ¿fue Iván *siempre* terrible o Juana *siempre* loca?). Sin embargo, exactos o no, los nombres están arraigados en nuestra memoria cultural. En este capítulo conoceremos a otro hombre cuyo nombre está ligado a un adjetivo: Salomón el Sabio, o el Sabio Salomón. En su caso, la descripción es veraz, aunque solo hasta cierto punto. Indudablemente, este rey de Israel era rico en sabiduría, pero posiblemente fue también el *necio* más sabio que jamás haya existido.

Hablaremos de la sabiduría y la locura de Salomón dentro de un minuto, pero antes, tratemos rápidamente la intriga de la corte que rodeó su coronación como corregente de David.

El candidato lógico para ser el próximo rey era Adonías. Era el mayor de los hijos sobrevivientes de David. Adonías no tuvo reparos en proclamar «Yo seré rey» aun cuando su padre todavía estaba con vida (1R 1:5). Él y sus partidarios organizaron una gran juerga para celebrar que pronto se ceñiría la corona. Sin embargo, se precipitó, y mucho. David nunca le había dicho a Adonías que sería rey.

¿A quién había elegido David como heredero del trono? A Salomón.

Mientras Adonías celebraba su fiesta en las afueras de la ciudad, un improbable par de personas se asociaron para recordarle a David la promesa que había hecho. ¿Quiénes integraban la dupla? Betsabé (la recordarás del capítulo anterior) y Natán (el profeta que llamó a David a arrepentirse por haber asesinado al marido de Betsabé). Una pareja improbable, en verdad. Tras la muerte de su primer hijo, David y Betsabé tuvieron otro, al que llamaron Salomón. Cuando Natán y Betsabé informaron a David que Adonías le había arrebatado la corona y que ya se hacía llamar «rey», David actuó rápidamente para dar a conocer su voluntad.

David decretó que Salomón debía montar en la mula real, y ser ungido y aclamado públicamente como el nuevo rey entre toques de trompeta y gritos de la multitud. Y así sucedió. El suelo tembló bajo los pies de quienes bailaban, gritaban y tocaban música para saludar al rey Salomón. Como es de suponer, esta noticia aguó la fiesta de Adonías. Sus compañeros de fiesta se escondieron y huyeron al monte. Luego, Adonías, humillado y temiendo por su vida, se vio obligado a doblar la rodilla ante su hermano menor Salomón. Más tarde, claramente sin haber aprendido la lección, tomó una decisión fatal que lo hizo sospechoso de traición. Adonías fue ejecutado al instante. Asimismo, rodaron más cabezas, ya que Salomón, siguiendo las órdenes dadas por David poco antes de morir, eliminó varias amenazas, reales o percibidas, contra su trono.

Ahora bien, todo este politiqueo y derramamiento de sangre podría parecer muy sospechoso desde el punto de vista moral —y no estoy en desacuerdo: lo es—, pero a menudo la Biblia se limita a registrar lo sucedido. Lo bueno y lo malo. Lo moral y lo inmoral. Anteriormente señalamos que el Señor trabaja con pecadores, y a menudo en contra de ellos, para hacer avanzar su plan de salvación. Por lo tanto, con el reinado de Salomón ya asegurado, y la mayoría de sus adversarios conocidos (o presuntos) exiliados o puestos bajo tierra, ¿qué sucede a continuación? ¿Qué sería de este rey relativamente joven?

En primer lugar, Salomón tomó una de las mejores decisiones de su vida: reconoció que, por sí solo, no estaba a la altura de la tarea que el Señor le había encomendado. En un sueño, Dios le había dicho a Salomón: «Pide lo que quieras que Yo te dé» (1 R 3:5). Esa sí que es una invitación amplia. Podría haber pedido cualquier cosa. Sin embargo, Salomón, franco y honesto sobre sus limitaciones, oró por un «corazón con entendimiento» para gobernar correctamente al pueblo de Dios (3:9). En hebreo, un «corazón con entendimiento» es literalmente «un corazón que escucha» o «un corazón que oye». Me gusta imaginármelo como un corazón con oídos. Para la gente del Antiguo Testamento, el «corazón» es la esencia del ser, donde pensamos, sentimos, deseamos y razonamos. Es el centro de la persona. Un corazón que «escucha» significa que uno escucha a Dios, pone atención a su palabra, y va por donde él lo guía. Al Señor le agradó mucho esta petición. Le dijo a Salomón que no solo recibiría un «corazón sabio y entendido», sino que además le daría lo que *no* había pedido: riquezas y gloria.

El Señor no estaba bromeando. Salomón alcanzó fama internacional por su sabiduría. Dignatarios extranjeros, como la reina de Sabá, se presentaron a la puerta del rey para comprobar si todo lo que se decía de él era cierto. Y lo era. La reina quedó literalmente sin aliento (1 R 10:5). De hecho, no solo lo que se decía sobre el rey no era exagerado, sino que ella admitió: «No se me había contado ni la mitad. Usted supera en sabiduría y prosperidad la fama que había oído» (1 R 10:7). Salomón hizo que el oro de su reino abundara tanto que la plata llegó a ser prácticamente insignificante (10:27). También escribió canciones, compuso proverbios, y estudió las plantas y los animales. Tenía un conocimiento enciclopédico. Resumiendo la fama y los conocimientos de Salomón, la Biblia dice: «Dios dio a Salomón sabiduría, gran discernimiento y amplitud de corazón como la arena que está a la orilla del mar. Y la sabiduría de Salomón sobrepasó la sabiduría de todos los hijos del oriente y toda la sabiduría de Egipto» (1 R 4:29-30). Aun si esto fuera hiperbólico, Salomón fue un rey de éxito y erudición asombrosos y casi sin parangón.

El rey fue también un constructor. No, eso es demasiado suave. Fue El Constructor. Su residencia real fue un palacio que tardó trece años en terminarse. Sin embargo, la gran obra de Salomón fue el templo de Jerusalén. Podemos concebirlo como el tabernáculo, aumentado. El Señor ya no habitaría en una tienda, sino en este edificio permanente, ornamentado y sagrado, que serviría de santuario central para todos los israelitas. Al igual que el tabernáculo, el templo tenía dos habitaciones: los santuarios interior y exterior (el Lugar Santísimo y el Lugar Santo). Había oro por todas partes. Flores, ángeles y animales adornaban las paredes y el mobiliario. El templo se diseñó a propósito para transmitir visualmente que aquello era el paraíso: el nuevo huerto del Edén para los adanes y las evas de Israel, donde se acercarían a Dios en oración, alabanza y sacrificio. Aquí, el Señor del cielo moraba en la tierra.

Esto ayuda a explicar por qué Jesús, hablando de su cuerpo, dijo una vez: «Destruyan este templo, y en tres días lo levantaré» (Jn 2:19). ¿Por qué Jesús llamaría templo a su cuerpo? Porque, como explicó Pablo, «toda la plenitud de la Deidad reside corporalmente en [Cristo]» (Col 2:9). En el Antiguo Testamento, el Señor del cielo habitaba en el templo terrestre, pero Jesús *es* Dios en la tierra. El Hijo del Padre se hizo hombre sin dejar de ser plenamente divino. Él es lo que el templo nunca podría ser: Dios con piel y pelo, sangre y huesos. Su cuerpo-templo fue destruido en la crucifixión, pero fue nuevamente levantado en la resurrección. Por lo tanto, la estructura que Salomón construyó, el templo de

Jerusalén, era una imagen de lo que estaba por venir. Los israelitas se acercaban a Dios en el templo; Dios viene a nosotros, siendo él mismo un hombre, en Jesucristo.

Salomón aparece como una especie de super-hombre del Antiguo Testamento. No me refiero a un superhéroe con capa, sino a un hombre de gran talento, conocimiento, comprensión, riqueza, influencia, destreza, audacia, etcétera. Súper en todos los sentidos. El hombre más interesante del mundo antiguo. Dale el título exagerado que quieras. Incluso podríamos llamarlo una figura de Adán, en el sentido de que era como un espécimen primigenio de la humanidad.

Además de todo lo que hemos mencionado, tradicionalmente se le atribuyen tres de los libros de la Biblia: el Cantar de los Cantares, Eclesiastés y los Proverbios. El primero es un canto de amor, lleno de imágenes evocadoras, que describe el romance entre el rey y una mujer llamada Sulamita. Por mucho tiempo se ha interpretado como una alegoría del amor entre Cristo y su esposa, la Iglesia. Eclesiastés, el libro más filosófico de la Biblia, reflexiona sobre la vanidad de la vida cuando no hay temor de Dios ni obediencia a su Palabra. Y Proverbios, como su nombre lo indica, es fundamentalmente una colección de sabios refranes que guían a las personas hacia una vida conforme a la voluntad de Dios. La Sabiduría, que en Proverbios suele ser personificada, no es otra que aquel a quien la Biblia también llama Palabra, Gloria, Mensajero y otros títulos: el Hijo de Dios. Cristo, como Sabiduría, sirve, pues, de fundamento para comprender Proverbios en su conjunto.

A medida que leas el Antiguo Testamento, encontrarás libros, como Proverbios, que se denominan Literatura sapiencial. Otro libro de este género es Job, llamado así por su protagonista. No sabemos quién escribió este libro ni cuándo, pero algunos estudiosos sugieren que fue compilado durante el reinado de Salomón, época en la que floreció la literatura sapiencial. Job era un hombre rico de Uz, famoso por su piedad, a quien Satanás afligió con una serie de pérdidas que le destrozaron la vida, incluyendo la muerte de sus hijos y una terrible afección cutánea que le dejó llagas por todo el cuerpo. La mayor parte del libro consiste en discursos pronunciados alternativamente por Job y tres de sus supuestos amigos, todos los cuales intentan convencer a Job de que su sufrimiento es merecido, causado por algún pecado no confesado (o más de uno). El libro es la reflexión más famosa y penetrante sobre el sufrimiento en toda la literatura. No solo muestra la forma en que un hombre piadoso se lamenta ante el Señor en tiempos de prueba, sino que también presenta la misteriosa voluntad de Dios, cuyos caminos están más allá de nuestra capacidad de comprensión.

Subrayo todo el éxito de Salomón —autor, constructor, sabio— a propósito. ¿Por qué? Por el resto de la historia de Salomón. El lado oscuro de su historia. Como solían hacer los reyes de su época, Salomón tuvo muchas esposas. Y cuando digo «muchas», no me refiero a 5, ni a 10, ni siquiera a 50. Me refiero a 700, además de 300 concubinas (1 R 11:3). Las esposas procedían de Egipto, Moab, Edom y otras naciones vecinas. La mayoría de estos matrimonios no eran más que espectáculo, para solidificar alianzas políticas, como ha sucedido con los matrimonios reales a lo largo de la historia. Sin embargo, se nos dice que Salomón «amó a muchas mujeres extranjeras» (1 R 11:1).

Probablemente no hace falta decir que esto se convirtió en un gran problema. Pero aclaremos por qué. Hay dos razones principales, estrechamente interconectadas. Primera: mucho antes de que los israelitas siquiera tuvieran rey, el Señor había dicho categóricamente que, cuando tuvieran uno, este gobernante *no* debía «[tener] muchas mujeres, no sea que su corazón se desvíe» (Dt 17:17). Supongo que todos podemos concordar en que 700 califica como «muchas mujeres». Salomón contravino abiertamente lo que Dios había dicho. Pero no se trataba solamente de la absurda cantidad de matrimonios. La razón de la prohibición era: «no sea que [el] corazón [del rey] se desvíe». ¿Desviarse de qué? De Dios.

Esa es la segunda y más importante razón para la prohibición de tener muchas esposas. Esto es lo que ocurrió con Salomón:

> Porque cuando Salomón ya era viejo, sus mujeres desviaron su corazón tras otros dioses, y su corazón no estuvo dedicado por completo al Señor su Dios, como había estado el corazón de David su padre. Porque Salomón siguió a Astoret, diosa de los sidonios, y a Milcom, ídolo abominable de los amonitas. Salomón hizo lo malo a los ojos del Señor, y no siguió plenamente al Señor, como lo había seguido su padre David. Entonces Salomón edificó un lugar alto a Quemos,

ídolo abominable de Moab, en el monte que está frente a Jerusalén, y a Moloc, ídolo abominable de los amonitas. Así hizo también para todas sus mujeres extranjeras, las cuales quemaban incienso y ofrecían sacrificios a sus dioses. (1 R 11:4-8).

Salomón estaba dedicándose a la antigua práctica religiosa que se conocería como «Dios-y-ismo». Adoraba al Dios verdadero y a Astoret; al Dios verdadero y a Milcom. Construyó el templo para el Dios verdadero y lugares de culto para otras deidades. El término técnico para esto es sincretismo, y tristemente, llegó a dominar y contaminar el paisaje religioso de Israel durante siglos.

El primer mandamiento que el Señor dio a Israel fue este: «No tendrás otros dioses delante de Mí» (Éx 20:3). Como hemos señalado antes, a las deidades del mundo antiguo les parecía bien tener una «relación abierta» con sus devotos. Mientras dedicaras alguna oración o un sacrificio a los dioses o diosas, podías «engancharte» en adoración con tantas divinidades adicionales como quisieras.

No así con Yahvé. No, señor. Él exigía fidelidad estricta, sin excepciones y monógama, a un solo Dios. Y esto no tenía nada que ver con celos mezquinos; era impulsado por un amor apasionado y feroz por la humanidad. Solo él era y es Dios. Es indudable que el mundo siempre ha estado, y sigue estando, repleto de deidades falsas, tanto en el pasado como en el presente. Algunas son meros fantasmas de la imaginación, y otras son demonios con máscaras de religión. En cualquier caso, todos estos no-dioses carecen de la capacidad de perdonar, responder a las plegarias, conceder la vida o desempeñar el papel de Dios para la humanidad; algo parecido a la incapacidad de una falsedad para encarnar la verdad o de la oscuridad para manifestarse como luz. Adorarlos, como hizo el sabio Salomón, es hacer payasadas. Su amor y devoción a sus esposas superó su amor y devoción al único Dios vivo y verdadero. Al final de su vida, aquel «corazón capaz de escuchar» por el que había orado en su juventud se había vuelto sordo a la Palabra de nuestro Señor, y se había endurecido por la idolatría.

Salomón se convirtió en el necio más sabio.

La vida de este rey expone ante nosotros algunas lecciones dolorosas pero necesarias. La más obvia es esta: el peligro más grave para nuestro bienestar es el canto de sirena de la idolatría. Cuando nuestro temor a algo supera nuestro temor a Dios, o cuando nuestro amor por algo o alguien eclipsa nuestro amor por lo divino, o cuando confiamos en algo o alguien más de lo que confiamos en Dios, entonces esa persona, institución, empleo, partido político o posesión se ha convertido en objeto de nuestra adoración. En el corazón humano hay sitio para un solo Señor. Salomón trató de atiborrar su corazón con un montón de deidades, tal como lo hacemos nosotros hoy. La vida de este rey funciona como un espejo que nos permite escrutar nuestras propias vidas y plantearnos preguntas desafiantes. Y una vez que lo hemos hecho, nos permite volvernos a nuestro Señor en confesión y arrepentimiento. Él está siempre dispuesto a perdonar. De hecho, se complace en hacerlo.

También aprendemos de Salomón, este aparente superhombre, que aunque un ser humano tenga varios doctorados, miles de millones de dólares, poder y prestigio, sigue siendo un pecador que a menudo actúa de manera idiota, y está tan necesitado de perdón y salvación como un vagabundo sin educación que vive solo en un callejón miserable. Todos por igual necesitamos la misericordia de Dios en Jesucristo. El pecado democratizó nuestra situación. Salomón necesitó la salvación. Yo la necesito. Y tú también. Todos la necesitamos.

Esta es, pues, la historia de Salomón. Un cuento con moraleja, sin duda, pero a la vez más que eso. Dios había hecho una promesa a David. Uno de sus descendientes se sentaría en el trono y reinaría sobre un reino eterno. Ese descendiente no fue Salomón, pero Salomón lo prefiguró. Tal como Salomón entró en Jerusalén montado en la mula de David como rey ungido, Jesús el Ungido entró en Jerusalén montado en un asno el Domingo de Ramos, mientras la multitud gritaba «Hosanna al Hijo de David» (Mt 21:9). Cabalgó para reclamar su reino, reinar desde la cruz, resucitar de entre los muertos y sentarse a la derecha del Padre en el cielo como Rey de reyes y Señor de señores.

Al adentrarnos en la siguiente etapa de la historia de la salvación, conoceremos al hijo y sucesor de Salomón, a un par de profetas grandes y a un montón de reyes. ¡Sigamos adelante!

Capítulo 15

Reyes exaltados, guerra civil y catástrofe inminente

Si hubiéramos conducido por Jerusalén poco después de la muerte de Salomón, habríamos visto una multitud de airados manifestantes en la calle. Hastiados de los altos impuestos y de los trabajos forzados que habían soportado bajo Salomón, exigían que el próximo rey les aliviara la carga. ¿Lo haría? Pronto lo sabremos. También descubriremos qué ocurrió cuando la nación se dividió en norte y sur, las superpotencias internacionales empezaron a llamar a la puerta de Israel y un rey tras otro condujeron al pueblo de Dios hacia la destrucción y el exilio.

Cuando los escritores se preparan para dar un giro importante a la trama, dejan caer pistas reveladoras a lo largo del camino a fin de alertar al lector perspicaz de que algo grande se avecina. Los escritores bíblicos no son la excepción. Ya en el reinado de David, el narrador nos informa que la unidad de las doce tribus de Israel era un vínculo frágil. Aunque, durante su reinado, Salomón intentó cimentar esta unidad, fueron apareciendo graves grietas. Una de esas «grietas» fue un antiguo siervo de Salomón llamado Jeroboam; llegaremos a él en un momento. Además, estaba la cuestión de los impresionantes proyectos de construcción de Salomón. ¿Cómo se las arregló para realizar todo ese trabajo monumental? Haciendo que su pueblo trabajara y pagara impuestos en exceso. Así es como lo hizo. No era precisamente la manera de ganarse el favor de su pueblo y fomentar la unidad.

Así que Salomón, sabio pero insensato, encendió un fuego de creciente descontento entre su pueblo. Para cuando su hijo Roboam se puso la corona, el fuego estaba ardiendo junto a un enorme barril de pólvora. Al producirse la explosión, el radio de esta alcanzó las fronteras lejanas de Israel y resonó durante siglos.

Lo que desencadenó la explosión fue la primera decisión oficial de Roboam. Quien encabezó los descontentos entre sus ciudadanos fue Jeroboam, a quien ya mencionamos. ¿Quién era Jeroboam? Años antes, había sido soldado y un exitoso líder bajo el mando de Salomón. Pero cuando se informó al rey que un profeta había predicho que un día Jeroboam gobernaría sobre diez tribus de Israel, Salomón intentó matarlo. Jeroboam prefirió mantener su cabeza unida a su cuerpo y huyó a Egipto. Allí vivió en el exilio. Cuando Salomón dejó de ser una amenaza, Jeroboam regresó a casa para exigir, junto con sus seguidores, que el hijo de Salomón aligerara el yugo impuesto por su padre a Israel.

¿Cómo respondió Roboam? Rechazó el sabio consejo de algunos de sus estadistas más ancianos, quienes le dijeron que debía ceder a las demandas del pueblo, e hizo caso a las bravatas de sus amigos. Pomposamente dijo a su pueblo (y estoy parafraseando): «¿Creen que las cosas eran difíciles con mi padre? Cuando acabe con ustedes, pensarán que los viejos tiempos fueron un paseo». Sus verdaderas palabras son memorables: «Mi padre los castigó con látigos, pero yo los castigaré con escorpiones» (1 R 12:14). Como la caída de una espada, esta decisión arrogante y egoísta partió la nación en dos. Además desencadenó una guerra civil intermitente entre el norte y el sur, y creó un espacio donde florecería una gran variedad de males, especialmente la idolatría.

Todo esto comenzó alrededor del año 930 a. C. Para que nos hagamos una idea general, veamos lo que sucedió en el período más amplio de la historia, desde 1 Reyes 12 hasta el final de 2 Reyes.

Durante unos dos siglos más, diez tribus de la parte norte del territorio existieron en forma independiente. Esa nación suele llamarse Israel o Efraín. Nosotros nos referiremos a ella como el RN (Reino del norte). En el año 722 a. C., la potencia internacional del momento, los asirios, le dieron una paliza al RN y exiliaron a esas diez tribus. Si has oído hablar de las «tribus perdidas de Israel», se trata de ellas, aunque nunca estuvieron realmente «perdidas». Algunas fueron exiliadas. Las tribus más empobrecidas permanecieron en la tierra. Otras emigraron al sur, antes o durante la invasión asiria, y se reasentaron allí.

Mientras tanto, en la parte sur de la tierra, dos tribus sobrevivieron: Judá y Benjamín. Este es el Reino del Sur (RS), que la Biblia suele llamar «Judá». En 586 a. C., la nueva superpotencia del barrio, los babilonios, castigaron al RS y exiliaron a esas dos tribus. Durante estos cerca de tres siglos y medio, entre el 930 y el 586 a. C., el pueblo de Dios fue gobernado por un puñado de reyes buenos, muchos reyes malos y unos pocos verdaderamente horribles. El culto a otros dioses, patrocinado por el Estado, floreció en el RN y a menudo en el RS.

Ese es el panorama general; ahora volveremos a algunos primeros planos.

En primer lugar, tras la fatal decisión de Roboam de perpetuar y ampliar las medidas opresivas de Salomón, las diez tribus del norte, lideradas por Jeroboam, dijeron: «Muy bien. Tomaremos nuestra pelota y nos iremos a casa». Y se fueron a casa, construyendo su propio país. Esto podría haber estado muy bien —de hecho, el Señor había dicho que así sería (1 R 11)— si Jeroboam no hubiera creído saber más que Dios sobre la manera y el lugar en que Dios quería ser adorado.

El rey temía perder la lealtad de sus súbditos —por no hablar del temor a perder su vida— si seguían viajando al RS para adorar a Yahvé en el templo de Jerusalén. Por lo tanto, ¿qué hizo? Se le ocurrió la descabellada idea de erigir dos becerros de oro, en los extremos norte y sur de su reino, uno en Dan y otro en Betel. Luego dijo a sus súbditos que, en lugar de ir a Jerusalén, adoraran en uno de esos dos lugares. Como vimos en el capítulo 8, los toros o becerros se utilizaban a menudo como imágenes o plataformas para las deidades en el antiguo Cercano Oriente. En los días de Jeroboam, la deidad de moda era Baal, así como su consorte Asera. Como recordarás, la primera vez que Israel probó este experimento del becerro de oro en el monte Sinaí, Dios casi los aniquiló, furioso. Ahora, siglos después, otros dos becerros de oro entraron en escena. Y el resultado, como se puede adivinar, fue exactamente el mismo. Cuando Jeroboam hizo estos becerros, estaba cavando las tumbas de su pueblo.

Durante una visita a Israel, en febrero de 2022, cuando nos detuvimos en la antigua ciudad de Dan, me paré a unos veinte metros de donde había estado uno de estos becerros de oro. Señalando el lugar, le dije al grupo que me acompañaba: «Lo que se encontraba allí no era *un* pecado, sino *el Pecado* de Israel». De hecho, «andar en el camino de Jeroboam» se convirtió en la abreviatura para indicar cómo los reyes subsiguientes del RN apoyaron, promulgaron y participaron en el pecado fundacional de la idolatría.

Por lo tanto, durante unos doscientos años, a partir de Jeroboam, Israel marchó desafiante hacia su caída. Un total de diecinueve reyes reinaron sobre el RN; algunos duraron décadas, un par duró algunos meses, y uno llamado Zimri tuvo a duras penas un minirreinado de solo siete días. Intrigas, tumultos y derramamiento de sangre eran la norma. Una reina bastante desagradable, llamada Jezabel, archipatrona de la idolatría y aborrecedora de todo lo relacionado con Yahvé, fue arrojada por una ventana y, en la calle, su cuerpo fue devorado por una jauría de perros salvajes. Cosas horripilantes.

Lo más cerca que el RN estuvo de tener un rey que no fuera duramente criticado por Dios fue un hombre llamado Jehú. Sin embargo, dondequiera que ese rey iba, dejaba a su paso un baño de sangre. Curiosamente, Jehú es nombrado y representado en un obelisco asirio del siglo IX a. C. llamado el «Obelisco negro de Salmanasar III». Y ¿qué hace Jehú allí? Está postrado sobre sus manos y rodillas ante el monarca asirio. La imagen lo dice todo. El único rey del norte que siquiera estuvo cerca de ser fiel al Señor gobernó sobre una tierra que aún tenía que humillarse ante Asiria.

El RN, en su obstinada negativa a destruir los becerros de oro y volver al Señor en arrepentimiento, aseguró lo que finalmente sería su destrucción nacional.

En el 722 a. C., los asirios pusieron el último clavo en el ataúd del país. La idolatría del RN tuvo por fruto la muerte, la derrota y la deportación.

Y ¿qué ocurrió con Judá, país hermano de Israel en el sur? ¿Cómo le fue? Fue gobernado por diecinueve reyes y una reina. Algunos de estos reyes fueron calcos de sus homólogos del norte, totalmente prendados de la adoración a los dioses de otras naciones, y contaminando con idolatría Jerusalén y aun el templo de Yahvé. Otros —¡gracias a Dios!— fueron todo lo contrario. Dos gobernantes estelares, Ezequías y Josías, hicieron todo lo que estuvo a su alcance para conducir y mantener a la nación en el camino recto y estrecho de Yahvé. Sin embargo, otros reyes, como conductores erráticos, se pasaron la mitad del tiempo zigzagueando de una zanja a otra. Aunque hicieron algunas cosas buenas y dignas de mención mientras estuvieron en el trono, también permitieron que continuara la adoración ilícita en los «lugares altos». La Biblia se refiere frecuentemente a estos lugares de culto. Los lugares altos eran sitios, dispersos por toda la tierra, donde se hacían sacrificios a dioses falsos (o, más probablemente, a dioses falsos *y a* Yahvé).

Sin embargo, con el tiempo, se hizo dolorosamente obvio que, al igual que sus homólogos del RN, el RS de Judá era profundamente adicto a «prostituirse tras otros dioses» (para usar la memorable metáfora de la Biblia). Sin importar cuántos profetas enviara el Señor para advertir, reprender, halagar y cortejar a su pueblo para que volviera a la fidelidad y a la monogamia, el RS saltaba con lujuria al lecho de adoración de otros dioses y diosas. Finalmente, la paciencia del Señor llegó a su fin. Aun su propia casa, el templo, apestaba por el tóxico hedor de la idolatría. ¿Quieres saber hasta qué punto iban mal las cosas? Los ciudadanos de Jerusalén estaban fuera de la ciudad sacrificando bebés a un dios llamado Moloc. Esto era material de pesadillas.

Ya era hora de que cayera el hacha divina. Y lo hizo, en el transcurso de varios años, cuando Dios utilizó a los babilonios para disciplinar a su pueblo de corazón duro. Esta superpotencia extranjera comenzó a exiliar a algunos judíos alrededor del año 600 a. C., y finalmente, en 586 a. C., saqueó la ciudad de Jerusalén, incendió el templo y sacó en cadenas a gran parte de la población. El último rey, Sedequías, vio cómo los babilonios masacraban a sus hijos ante sus ojos, y luego le sacaron los ojos a él para que lo último que viera fuera la peor cosa imaginable. Fue un triste final para una triste historia sobre la tristeza máxima que siempre —y quiero decir siempre— surge de rechazar al Señor repetidamente, eligiendo en su lugar adorar a las oscuras fuerzas del mal que acechan detrás de todos los pseudodioses.

Si estás pensando: «¡Vaya, este capítulo ha sido realmente deprimente!», sí, tienes toda la razón. No podría estar más de acuerdo. Es un capítulo largo y oscuro de la historia bíblica. Es como ver morir de cáncer, lenta y dolorosamente, a alguien a quien alguna vez quisiste y admiraste, pero viéndolo cada día volverse no solo más débil, sino también más malo y grotesco. Así es Israel en 1 y 2 Reyes. Hemos recorrido un largo camino desde los tiempos de David, un hombre conforme al corazón de Dios, allá por el año 900 a. C., cuando la nación estaba unida, el Señor era adorado y el futuro parecía brillante.

Sin embargo, antes de que nos pongamos demasiado tristes, recordemos el hecho vital de cuatro palabras que merece una continua repetición: *Dios. Cumple.*

Sus. Promesas. Cuando dice que hará algo, nunca lo dice cruzando los dedos detrás de la espalda. Nunca añade un texto en letra pequeña que le proporcione un resquicio legal para incumplir lo que ha jurado hacer. Y ¿qué juró el Señor, en tiempos del rey David, que haría por David, y le daría? Dios le dijo que no solo le daría una dinastía, de hijos, nietos y bisnietos que gobernarían después de él, sino que con el tiempo levantaría un hijo de David cuyo trono perduraría para siempre. Obviamente, en aquel momento, ese hijo aún no había aparecido en el escenario de la historia. Cada descendiente real de David murió en el cargo para luego ser reemplazado por otro que también murió en el cargo. Y, como acabamos de señalar, el último rey de Judá, Sedequías, vio horrorizado cómo sus hijos fueron asesinados delante de él.

Si esta promesa de Dios a David se cumpliría, ¿cuándo sucedería?

Unos seis siglos más tarde. Un día, una muchacha adolescente judía se dedicaba a sus quehaceres cotidianos en la pequeña aldea de Nazaret, situada en lo alto de una colina, con vistas al frondoso valle de Jezreel, en el norte de Israel. Al levantar la vista, vio de pie ante ella a un ángel que le dijo:

«¡Salve, muy favorecida! El Señor está contigo; bendita eres tú entre las mujeres». Ella se turbó mucho por estas palabras, y se preguntaba qué clase de saludo sería este. Y el ángel le dijo: «No temas, María, porque has hallado gracia delante de Dios. Concebirás en tu seno y darás a luz un Hijo, y le pondrás por nombre Jesús. Este será grande y será llamado Hijo del Altísimo, y el Señor Dios le dará el trono de Su padre David; y reinará sobre la

casa de Jacob para siempre, y Su reino no tendrá fin».
(Lc 1:28-33).

¡Ah, por fin! Dios cumplió efectivamente la promesa, hecha mucho tiempo antes a David, y por medio de David a todo Israel, y por medio de todo Israel a todo el mundo. El bebé que a partir de entonces crecería en el vientre de la virgen María recibiría «el trono de Su padre David». Reinaría «sobre la casa de Jacob para siempre, y Su reino no [tendría] fin».

Jesús fue el rey que ni Salomón, ni Roboam, ni Josías, ni Ezequías, ni Sedequías, ni ningún otro descendiente de David pudo ser: el hijo de David y el Hijo del Altísimo. Dios y hombre en una sola persona, 100 % humano, 100 % divino. Y él reina para siempre porque, aun cuando fue crucificado, no podía ni quería permanecer muerto, sino que salió de su tumba con vida, tres días después, dejando atrás la muerte para siempre. Ahora mismo está sentado en su trono celestial, reinando desde allí «sobre la casa de Jacob», es decir, sobre la Iglesia, la comunidad del Mesías. Dios realmente cumple sus promesas.

Para terminar este capítulo, quisiera volver a mencionar algo que antes dije casi de pasada: el Señor envió muchos profetas para advertir, reprender, halagar y cortejar a su pueblo para que volviera a la fidelidad y a la monogamia. Antes de seguir viajando por este camino histórico, tenemos que hablar de estos predicadores. ¿Quiénes fueron? ¿Qué hacían? ¿Qué decían? ¿De qué tratan sus libros? Aprovechemos el próximo capítulo para viajar con tipos como Elías, Eliseo, Isaías, Jeremías y otros. Sin sus historias, nunca se habría contado la historia de la salvación.

Capítulo 16

La taza de café del Señor
y una larga serie de predicadores

Los hebreos que ocupan el asiento del conductor en este capítulo son una mezcla de retóricos shakespearianos, obradores de prodigios, vaticinadores apocalípticos y predicadores sacerdotales. Imposible aburrirse con ellos. Un día le leen la cartilla a la persona más poderosa del país, y al día siguiente se pasean desnudos como Dios los trajo al mundo dando una especie de sermón no verbal. Algunos tienen nombre, otros son anónimos. Uno dejó solamente veintiún versículos (Abdías), mientras que otro nos legó sesenta y seis capítulos (Isaías). Todos ellos tienen en común lo siguiente: fueron predicadores enviados por Dios, con la misión de decir lo que el Señor les había encomendado decir, sin importar cuáles pudieran ser las bendiciones o las consecuencias.

Hemos estado atravesando un paisaje aterrador y casi desprovisto de esperanza. Vimos a Jeroboam, loco por los ídolos. Jezabel, devorada por perros. Sedequías, dejado ciego. Sin importar la dirección en que viajáramos, a Israel en el norte, o a Judá en el sur, por Betel o a las afueras de Jerusalén, nuestros ojos divisaron lugares altos, becerros de oro o algún otro lugar impío donde el pueblo de Dios dio la espalda a Yahvé.

Debemos preguntarnos: ¿se lavó el Señor las manos, desentendiéndose de estos rebeldes? ¿Se limitó, como un marido que descubre que su mujer tiene una aventura, a pedir el divorcio y alejarse para buscar otra esposa más fiel? ¿Terminó enfadado, apático, decepcionado? ¿Permaneció estoico? En otras palabras, ¿cómo responde él, en general, cuando las personas por las cuales se preocupa profundamente se alejan de él? Y, para hacerlo más personal, ¿qué hace nuestro Padre cuando *nosotros* nos alejamos?

La respuesta breve es esta: nos persigue con un amor feroz e implacable. No tolera la traición, pero tampoco aniquila impulsivamente a los pecadores. No, es paciente y sufrido, y se empeña en recuperarnos. Dios mismo lo expresó así: «"¿Acaso me complazco Yo en la muerte del impío", declara el Señor Dios, "y no en que se aparte de sus caminos y viva?"» (Ez 18:23). Pablo escribe que Dios «quiere que todos los hombres sean salvos y vengan al pleno conocimiento de la verdad» (1 Ti 2:4). ¿No son hermosas palabras? Ya sea con los israelitas descarriados o con nuestras almas descarriadas de hoy, cuando empezamos a alejarnos de Dios o incluso a llevar vidas infernales de maldad, el Señor mueve cielo y tierra para llevarnos al arrepentimiento y a la fe en él.

¿Cómo lo hace normalmente? Nos envía un predicador. O, en el lenguaje del Antiguo Testamento, envía a un profeta. Para simplificar las cosas, podríamos decir que los profetas predicaban de dos maneras: predecían y prescribían. *Predecían* en el sentido de decir que más adelante sucedería esto o aquello. A veces era una promesa de bendición futura, y otras veces una advertencia de ruina inminente (a menudo eran ambas). También *prescribían*, es decir, decían la voluntad del Señor, proclamando la verdad de Dios. Este anuncio podía ser una advertencia para un rey, aliento para una viuda o instrucción para una persona que necesitaba ser sanada. Además de esta proclamación oral, algunos profetas hacían milagros o «actuaban» mensajes, como cuando el profeta que mencioné arriba (Isaías) caminó descalzo y desnudo para predecir visualmente un período de exilio y privaciones.

Siempre me ha hecho gracia una expresión hebrea que aparece varias veces en los escritos de Jeremías. En español, dice así: «Desde el día que los padres de ustedes salieron de la tierra de Egipto hasta hoy, les he enviado a todos Mis siervos los profetas, madrugando cada día y enviándolos» (7:25). Me imagino al Señor Dios, mucho antes del amanecer, sirviéndose una taza de café celestial, tomando unos sorbos, echando un vistazo al amanecer, y luego pensando: «Bueno, supongo que ya es hora de enviar *otro* profeta a mi pueblo». Y así lo hizo, una y otra vez.

A medida que leas 1-2 Samuel, y luego 1-2 Reyes, serpentearás por las vidas de reyes como Saúl, David, Salomón, Roboam, y Jeroboam, hasta llegar a Sedequías. También oirás hablar de los ministerios de varios profetas. Encontramos a Samuel, Natán y Gad. También están Micaías, Elías, Eliseo y otros. Además de estos profetas que conocemos por nombre, hay otros que son anónimos, a menudo apodados simplemente «un hombre de Dios». En la historia que cubrimos en el capítulo anterior, los dos predicadores que dominan la narración son Elías y su sucesor, Eliseo.

Elías y Eliseo eran individuos extraordinarios. Resucitaron muertos, proporcionaron cantidades milagrosas de comida, curaron enfermos, provocaron hambrunas en la tierra y se enfrentaron a los profetas de Baal. Elías fue una persona tan singular que ni siquiera salió de esta vida como lo haría un ser humano común. No, eso no bastaba. En lugar de eso, fue arrebatado al cielo, todavía con vida, en un torbellino y carros de fuego.

Su compañero y protegido, Eliseo, continuó la obra de Elías. No dejó este mundo con la fanfarria de su predecesor —Eliseo murió como todo el mundo—, pero sus dones proféticos eran tan poderosos que resucitó a una persona de manera póstuma. Sí, leíste bien. Durante un ataque enemigo, mientras enterraban apresuradamente a un hombre, dejaron caer su cuerpo en la tumba de Eliseo. Cuando el cuerpo del muerto tocó los huesos del profeta, el hombre revivió. Aun estando muerto, Eliseo daba vida.

Cuando leas los Evangelios, si tienes presentes las historias de estos dos profetas, notarás paralelos entre Elías y Juan el Bautista, así como entre Eliseo y Jesús. Por ejemplo, Juan viene «en el espíritu y poder de Elías» (Lc 1:17). E incluso imitó a Elías con su manto de pelo y su cinturón de cuero (2 R 1:8; Mt 3:4). En el Antiguo Testamento, Elías dio su manto a Eliseo cerca del río Jordán. En los Evangelios, cuando Juan bautizó a Jesús en el Jordán, el papel del primero comenzó a disminuir para que el foco se centrara únicamente en Jesús. Y así como Eliseo realizó milagros de curación, alimentación y resurrección, Jesús realizó milagros similares, pero aun mayores. De hecho, el ministerio de Jesús era tan profético que mucha gente pensó erróneamente que era uno de los profetas de antaño, vuelto a la vida (Mt 16:14).

Vemos, por tanto, cómo el Señor elaboró la historia de salvación de Elías y Eliseo como un modelo que más tarde Juan y Jesús seguirían y ampliarían en gran medida.

Por supuesto, Elías y Eliseo fueron solo dos de los muchos profetas que el Señor envió para animar a los fieles y llamar a los infieles a volver a él. A veces, los demás profetas son llamados «profetas escritores», porque sus palabras escritas, o las recopilaciones de sus escritos, han llegado hasta nosotros en los libros del Antiguo Testamento que llevan sus nombres. Normalmente, los dividimos en dos grupos: profetas mayores y menores. Esta división no tiene nada que ver con la importancia relativa de ellos, sino con la extensión de sus escritos. Así, profeta mayor = libro más grande, y profeta menor = libro más pequeño. A veces, los profetas menores son también llamados «el Libro de los Doce», porque los escritos hebreos de la docena de profetas menores caben todos en un solo rollo («libro»).

¿Quiénes fueron estos profetas menores? Sus nombres son Oseas, Joel, Amós, Abdías, Jonás, Miqueas, Nahúm, Habacuc, Sofonías, Hageo, Zacarías y Malaquías. Algunos fueron contemporáneos entre sí, pero juntos, los ministerios de esta docena de hombres abarcaron siglos. Si Joel data del 800 a. C., como sugieren algunos, sería el más antiguo. Y el último fue Malaquías, que escribió hacia el 430 a. C. Ten también en cuenta que no es como si estos hombres hubieran apuntado en sus pergaminos «martes 5 de marzo de 750 a. C.» o alguna otra fecha. A menudo, la datación no es más que una conjetura basada en indicios de circunstancias históricas presentes en los escritos.

¿Quiénes fueron el público de ellos? Algunos de los doce predicaron al pueblo de Dios en el norte, otros

a Judá en el sur, y varios de ellos dirigieron oráculos a
naciones cercanas o lejanas, como los asirios o los edo-
mitas. De los doce profetas menores, Jonás es único,
porque su libro se centra principalmente en su obstinada negativa a predicar a los asirios, su aventura en
el mar, sus tres días en el vientre de un pez y su posterior lamento cuando Dios decidió no destruir al mismo
pueblo al que el profeta había finalmente predicado (!).
Jonás parece una comedia de humor negro. ¿Y su final?
Es un caso de suspenso bíblico.

Los profetas mayores son realmente el trío de
Isaías, Jeremías y Ezequiel. A menudo, en este grupo se
incluyen dos más: Daniel y Lamentaciones. Este último
no es en absoluto un profeta, sino un largo y desgarra-
dor salmo de lamento escrito después de que Jerusalén
fuera arrasada por los babilonios y su pueblo masacrado
o llevado al exilio. Daniel, aunque sí es profeta, es una
variedad diferente de libro profético; hablaremos más
de él y de su libro en un capítulo posterior.

En cuanto a Isaías, no sería exagerado decir que
su libro es el lienzo profético del Antiguo Testamento
sobre el que se pintan los colores del Nuevo Testamento.
Según una estimación, de los sesenta y seis capítulos
de Isaías, solo tres no se citan, aluden o repiten en el
Nuevo Testamento. La gran importancia de los escritos
de Isaías en los libros del Nuevo Testamento se debe a
la forma en que este profeta predice, de maneras poéti-
camente sorprendentes, el amanecer del reino de Dios
que acompaña al nacimiento del Salvador. Escribiendo
en el 700 a. C., Isaías profetiza el nacimiento virginal
del Mesías, identificándolo como el Siervo del Señor, el
Hijo prometido de David, el precursor de la nueva creación y la víctima intachable sacrificada por los pecados

de la humanidad (particularmente evidente en Isaías 53). Si perdiéramos todos los demás libros bíblicos, pero conserváramos Isaías, seguiríamos teniendo material suficiente para enseñar y predicar toda una vida sobre el Hijo de Dios y su obra por nosotros. Isaías profetizó a su propia generación, pero escribió de tal manera que, sin importar en qué época vivan sus lectores, estos sienten que se dirige directamente a ellos. Además, Isaías figura correctamente entre la poesía más elevada y bella jamás compuesta en cualquier lengua.

Cuando leemos a Jeremías, salimos con sentimientos encontrados. Dado que nos habla tanto de su vida y de las penas que padeció —persecución, exilio, encarcelamiento, y prohibición de casarse o tener hijos—, sentimos que realmente conocemos al hombre. Y escribió *mucho*; en términos de cantidad de palabras, su libro es el más largo de la Biblia. Puesto que, durante su vida, su predicación fue en gran parte ignorada, su ministerio puede parecer ingrato. Advirtió que los babilonios destruirían Jerusalén, y luego vivió aquella terrible experiencia. Uno no puede evitar compadecerse de él. Pero Dios también utilizó a Jeremías para dar buenas noticias. Predijo la llegada del Hijo de David, el Mesías, que restauraría al pueblo esparcido de Dios. También habló del nuevo pacto, inaugurado por Jesús: el pacto que no puede romperse porque Dios mismo lo mantiene. Como muchas de las personas que nuestro Padre ha utilizado a lo largo de la historia, Jeremías probablemente nunca se dio cuenta en vida de la alegría y la esperanza que sus palabras traerían a las generaciones futuras. Como una especie de reconocimiento a este profeta abatido, el Nuevo Testamento honra a Jeremías concediéndole la cita más larga del Antiguo Testamento anotada por un escritor del Nuevo

Testamento, ya que, hablando del nuevo pacto, Hebreos 8:8-12 cita Jeremías 31:31-34.

Para los recién llegados a la Biblia, puede resultar sorprendente que los profetas empleen ocasionalmente metáforas sexuales explícitas para condenar la infidelidad espiritual de Israel. Entre los profetas mayores, el tercero de ellos, Ezequiel, destaca como el maestro sin igual de esta retórica provocadora, evidente en los capítulos 16 y 23 de su libro (no digas que no te lo advertí). A este profeta también le encanta referirse a los dioses falsos utilizando la palabra hebrea *gillulim*; podríamos traducirla como «dioses de estiércol».

Evidentemente, Ezequiel era un predicador que sabía pronunciar sermones memorables. Su pueblo lo necesitaba. Ezequiel fue contemporáneo de Jeremías; ambos vivieron la destrucción babilónica de Jerusalén en 586 a. C. Sin embargo, Ezequiel la vivió desde lejos, pues había sido llevado a Babilonia en una de las primeras oleadas de exiliados. Su obra de 48 capítulos empieza y termina con visiones del templo, una negativa y otra positiva. Al principio, ve al Señor abandonar su templo de Jerusalén, pues se hallaba contaminado por la idolatría. Sin embargo, en la parte final del libro, el Señor vuelve a un templo nuevo e ideal que simboliza el reino y la Iglesia del Mesías.

Elías. Eliseo. Isaías. Jeremías. Ezequiel. Oseas y los otros once profetas menores. Aunque solo sea por unos segundos, hemos acogido a cada uno de ellos en el asiento del conductor. Pero tengo que confesar algo: al releer este capítulo, me siento decepcionado. No por el contenido. No me refiero a eso. Me refiero a que esta pequeña y fugaz introducción a los profetas resulta sumamente inadecuada, dada la enorme importancia de ellos en la historia de la salvación.

Piénsalo de este modo. Supón que tienes un puñado de invitados a cenar. Justo al lado de donde estás sentado con tus acompañantes está el comedor. Sobre la mesa de esa sala hay varias botellas de vino añejo. Los platos están repletos de las mejores carnes, verduras y frutas que puedas imaginar. Se ha preparado un postre que hace agua la boca. Y lo único que puedes hacer, en este momento, es ofrecer a tus invitados una cucharada de muestra para abrirles el apetito. Solo una degustación. Para obtener más, tendrán que levantarse y trasladarse a la otra sala en busca del festín que les espera.

Este capítulo ha sido esa cucharada, esa degustación. Trasládate, pues, al comedor de los profetas. Come sus palabras. Bebe de su sabiduría. Haz que sus sermones sean tu comida. Es el mejor festín que encontrarás.

Así que a comer. Ya me lo agradecerás más tarde.

Capítulo 17

Adiós a Babilonia y hola
a la reconstrucción de Jerusalén

*Sube. Tenemos que recorrer muchos kiló-
metros. Iremos hacia el norte, y hacia el
este, hasta Babilonia, siguiendo la versión
israelita del Sendero de Lágrimas. Daniel,
domador de leones y hombre apocalíptico,
nos proveerá un vistazo de Babilonia. Luego
regresaremos a los desolados escombros
de Jerusalén para ver cómo una pequeña
comunidad de judíos intenta reconstituir
su vida, reconstruir el templo y cavar un
pequeño nicho de esperanza de que ven-
drán días mejores.*

Hace dos capítulos, las cosas quedaron algo desorde-
nadas. Bueno, en realidad, quedaron *sumamente* des-
ordenadas. Luego de que Israel derivó por varios siglos
hacia la destrucción, Dios finalmente decidió hacerle
una dolorosa llamada de atención a su pueblo. Esta llegó
en la forma de Babilonia, la superpotencia encabezada
por el rey Nabucodonosor, que blandió un mazo contra
Jerusalén y el templo. Pam, pam, pam. Cuando todo
terminó, la ciudad y el santuario eran montones de

escombros. Las murallas quedaron arrasadas. La mayor parte de la población fue deportada. Y así comenzó el lamentable exilio babilónico de setenta años.

En este capítulo queremos hablar de cómo y por qué, tras siete décadas, se dio a los israelitas la oportunidad de volver sobre sus pasos hasta Jerusalén. Pero antes debemos hablar brevemente de uno de los hombres más interesantes de la Biblia. Tiene dos nombres: el que le pusieron sus señores babilonios (Beltsasar) y el que le dieron sus padres hebreos (Daniel). Lo conocemos más por este último.

Al igual que su contemporáneo Ezequiel —¿lo recuerdas, del capítulo anterior?—, Daniel formó parte de la primera oleada de exiliados a Babilonia. Llegó a aquella ciudad extranjera hacia fines del siglo VI a. C. (597, aprox.). Daniel era todo un personaje: piadoso hombre de oración, sabio erudito, consejero de reyes, intérprete de sueños, profeta apocalíptico y, lo más famoso, compañero de leones. El libro que lleva su nombre se divide en dos partes principales: los capítulos 1–6 narran la vida y las desventuras de Daniel en Babilonia, mientras que los capítulos 7–12 recogen múltiples visiones sobre el auge y la caída de reinos.

¿Tienes ganas de algunas historias apasionantes? Entonces coge la Biblia más cercana, o abre tu aplicación bíblica YouVersion y desplázate hasta Daniel 1–6. Aquí leerás todo sobre Daniel y sus tres compatriotas judíos: Sadrac, Mesac y Abed Nego. Estos cuatro permanecieron fieles a Dios mientras estaban lejos de casa, aun en las circunstancias más difíciles y potencialmente fatales. Por ejemplo, cuando los amigos de Daniel fueron arrojados a un enorme horno ardiente por negarse a inclinarse ante una estatua idolátrica, Dios los preservó. De hecho, ni siquiera se quemó una costura de su ropa. El propio Daniel, cuando transgredió la ley del rey orando al Dios verdadero, fue encarcelado por una noche en un foso lleno de leones hambrientos. Como ocurrió con sus tres amigos, Daniel también fue puesto a salvo por el Señor; Dios hizo que estas bestias fueran tan inofensivas como gatitos ronroneantes. Además de estas historias de fidelidad y peligro, nos enteramos de que Daniel tenía el don de interpretar los sueños, don que ejerció para el rey de Babilonia en Daniel 2.

En el resto del libro de Daniel, capítulos 7–12, las cosas se ponen extrañas. Hay visiones de bestias, escenas de la corte celestial, catástrofes inminentes y el reino naciente del Mesías, a quien se describe como un «Hijo de Hombre». Para los lectores modernos, estas visiones son algo extraño y salvaje. Pertenecen al género literario llamado «apocalíptico». Otras partes del Antiguo Testamento, como algunas secciones de Ezequiel, Zacarías e Isaías, también pertenecen a este género. Lo mismo ocurre con el último libro de la Biblia, conocido como «El *Apocalipsis* de San Juan».

La palabra «apocalíptico» deriva de una palabra griega que significa «desvelamiento, revelación». A los nuevos estudiantes de la literatura apocalíptica de la Biblia —y, a menudo, también a los experimentados— les puede parecer que están leyendo un cóctel literario de ciencia ficción, *El señor de los anillos* y *La granja de los animales*, aderezado con muchos ángeles y demonios. Los propósitos básicos de este tipo de escritos son decirnos (1) lo que está *realmente* ocurriendo ahora bajo el velo exterior de la historia y (2) lo que ocurrirá en el futuro. Sin embargo, no lo hacen en forma directa, sino con un lenguaje altamente simbólico, colorido y, a menudo, aterrador.

En la segunda mitad de su libro, esto es lo que hace Daniel. Predice la llegada de varios reinos mundiales sucesivos, los gobernantes de estos reinos, la persecución del pueblo de Dios y el establecimiento del reino mundial del «Hijo de Hombre» en Daniel 7. Este título, Hijo de Hombre, Jesús lo utiliza en los Evangelios para referirse a sí mismo. El «Anciano de Días», en la visión de Daniel, es nuestro Padre celestial, quien entrega a Jesús, el «Hijo de Hombre», el reino sobre el cual gobierna. Los escritos de Daniel tuvieron un impacto enorme y duradero en partes posteriores de la Biblia, especialmente Apocalipsis, donde se cita o alude a Daniel en múltiples ocasiones. De hecho, cuando lees Apocalipsis, puede parecer que estás estudiando una versión actualizada y ampliada de Daniel, mezclada con algo de material extra.

Podríamos decir mucho más sobre Daniel, sus experiencias, sabiduría y visiones, pero quizá esto haya despertado tu apetito para saber más. Por ahora, tenemos que recorrer el resto de la historia de la salvación. Surgen algunas preguntas. Si los israelitas estuvieron en Babilonia unos setenta años, ¿cómo fueron liberados? ¿Volvieron todos a casa? Y los que volvieron a Jerusalén, ¿qué encontraron a su regreso? ¿A qué retos y contratiempos se enfrentaron? Y ¿quiénes fueron sus líderes y profetas?

En primer lugar, se produjo un gran cambio político. Los israelitas habían convivido por décadas con sus captores babilonios, pero ahora estos antiguos señores se habían convertido en subordinados. En 539 a. C., el mando había sido tomado por una nueva potencia mundial: los persas. Dirigidos por Ciro, arrasaron y se convirtieron en el pueblo supremo de la región. La historia se estaba desarrollando tal como el Señor había prometido que lo haría (véase Isaías 44:28–45:1). Desde luego, ni los perdedores babilonios ni los vencedores persas eran conscientes de ello. Sin duda, los persas exhibían sus músculos, orgullosos de su nueva condición dominante. Poco sabían que, por mucho sacaran esos músculos, eran meros instrumentos en las manos del Señor de la historia, que levanta y hunde reinos como le place. Babilonia cae, Persia asciende.

El dominio persa fue, en general, un soplo de aire fresco para los judíos (por cierto, fue por esta época que los israelitas pasaron a llamarse judíos, nombre derivado de la región llamada Yehud, alrededor de Jerusalén). Pero no pienses que los judíos fueron repentinamente un pueblo libre bajo los persas. No lo fueron, pero sí gozaron de mayor libertad bajo este nuevo régimen.

El ejemplo principal de esta libertad mayor fue el «Decreto [o Edicto] de Ciro», promulgado en 538 a. C. El rey persa permitió que los judíos, si así lo deseaban, abandonaran Babilonia y se reasentaran en Jerusalén. Podrías suponer que los judíos exiliados acogieron este decreto con desfiles y fuegos artificiales. «¡Hurra! Tras setenta años de espera, ¡por fin podemos volver a casa!». Sin embargo, piénsalo; supón que te encuentras en una situación similar. Supongamos que tus abuelos judíos hablaban con nostalgia de los «buenos viejos tiempos» en Jerusalén. Pero ¿y tú? ¿Y tus padres? La generación más joven había nacido y crecido en Babilonia. Se sentían cómodos en aquella cultura, con sus calles, su comercio, y su lengua. Tenían amigos y vecinos no judíos; quizás incluso una esposa o un marido de allí. La vida babilónica era lo único que habían conocido. En teoría, la oportunidad de volver a «casa» podía sonar atractiva, pero su *casa* era, y siempre había sido, Babilonia.

Pensando en esto, no es de extrañar que, aunque algunos judíos aprovecharan la oportunidad de emigrar otra vez a Jerusalén, la mayoría dijera: «Gracias… pero no, gracias. Estamos cómodos aquí». De hecho, en los siglos venideros, Babilonia sería el hogar de una parte importante del pueblo judío, así como el centro de la erudición judía posterior. Sin embargo, hubo grupos de judíos que acogieron positivamente el Decreto de Ciro. Recogieron sus pertenencias y dejaron Babilonia atrás, emprendiendo el largo y arduo viaje a su patria, que ahora se había convertido en una provincia persa.

A su llegada, estos «peregrinos» judíos, como podríamos llamarlos, encontraron Jerusalén con el aspecto de un pueblo fantasma bombardeado en donde solo vivían algunas personas dispersas. Las murallas de la ciudad estaban en ruinas. El templo y su altar eran un montón de escombros. Y algunas de las naciones vecinas no estaban particularmente contentas con el regreso de los judíos. En general, no era un regreso muy esperanzador. Sin embargo, arremangándose, el pueblo de Dios se puso manos a la obra. Lo primero fue reconstruir el altar. Mucho más tarde, tras un retraso de años y algunas presiones proféticas por parte de Hageo y otros, se completó y dedicó todo el templo. Este templo, en forma ampliada, duraría unos seiscientos años más, hasta que los romanos lo arrasaron en el 70 d. C. A con-tinuación se reconstruyeron las murallas de Jerusalén, de modo que la ciudad, aunque distaba mucho de ser inexpugnable, tenía un cierto nivel de defensa. Fue un buen reinicio para la vida en Jerusalén.

En las biblias, después de los libros de Esdras y Nehemías, encontrarás un breve libro titulado Ester. Ambientado en Persia en el año 400 a. C., es la historia de una judía sabia y valiente llamada Ester, que llegó a ser reina junto al rey Asuero, tradicionalmente identificado como Jerjes I. A medida que la historia se desarrolla, nos enteramos de que un funcionario persa llamado Amán, enemigo de los judíos, urde un complot para erradicar al pueblo de Dios. Aconsejada y alentada por su pariente Mardoqueo, la reina Ester arriesga su vida para salvar la de su pueblo, con gran éxito. La historia es una obra maestra de la literatura, llena de intrigas, reveses y el momento en que el villano recibe su merecido. Ester proporciona los antecedentes históricos de la fiesta judía anual llamada Purim.

La mayor parte de la historia de estos peregrinos judíos se recoge en dos libros del Antiguo Testamento, Esdras y Nehemías, que llevan el nombre de sus respectivos autores. Aunque ambos hombres eran líderes, y su trabajo se superpuso, Dios los utilizó de maneras distintas para pastorear a su pequeño rebaño de creyentes.

Esdras era sacerdote y escriba. Podríamos imaginárnoslo como un erudito bíblico y un hombre del templo. Enseñaba la Torá, amonestaba a sus compatriotas judíos cuando se descarriaban e intercedía por ellos en oración. Nehemías, a diferencia de Esdras, no era sacerdote ni escriba. Anteriormente había sido servidor personal del rey, su copero. Tras recibir informes penosos sobre el estado de Jerusalén, pidió permiso para viajar allí y remediar la situación. El rey dijo que sí, y Nehemías partió. El antiguo copero sería ahora supervisor de obras. Más que eso, fue nombrado gobernador de esta pequeña provincia judía. Como tal, entre otras tareas, Nehemías dirigió la reconstrucción de las defensas en torno a Jerusalén. La muralla, derribada y decadente por tanto tiempo, pronto fue levantada y fortificada.

Al leer sobre las labores de Esdras y Nehemías en Jerusalén, resulta dolorosamente obvio que la vida en esta ciudad reconstruida e incipiente fue todo menos fácil. Los vecinos cercanos jugaban sucio escribiendo cartas calumniosas a Persia para socavar el trabajo de construcción de los judíos. Algunos de los propios judíos, tanto dirigentes como no dirigentes, no eran precisamente modelos brillantes de fidelidad. Por ejemplo, la comunidad se enfrentaba al grave problema de los matrimonios mixtos con no judíos. También había problemas en el templo. Un profeta posterior de Jerusalén, Malaquías, se quejó de los sacerdotes perezosos que trataban el altar y sus ofrendas de manera irreverente. Nehemías también se lamentó de que ciertos profetas y una profetisa llamada Noadías estuvieran utilizando tácticas intimidatorias para obstaculizar su trabajo. Sin embargo, a juzgar por lo que sabemos de la impetuosa personalidad de Nehemías, ¡no era fácil hacerlo retroceder!

Todos estos retos, combinados con las luchas cotidianas de cualquier comunidad pequeña y aislada, debieron de hacer que muchos de estos repatriados se preguntaran cosas como: «Considerando que apenas podemos ganarnos la vida en Jerusalén y sus alrededores, ¿valió realmente la pena el sacrificio de abandonar Babilonia y reasentarnos aquí? ¿Cuándo se cumplirá ese día grande y asombroso del Señor, prometido por los profetas? Ahora no tenemos rey, ni descendiente de David sobre el trono —¡ni siquiera tenemos trono!—, así que ¿cómo cumplirá el Señor su promesa de levantar al Hijo de David, el Mesías?». Todas estas preguntas son comprensibles. Estos creyentes judíos habían sufrido y esperado mucho.

¿Cuánto más, oh Señor, tendrían que esperar?
¿Algunas décadas?
¿Un siglo?
¿Varios siglos?

Conocemos la respuesta a esa pregunta, y la conocemos con precisión. Luego de bajar del vehículo y decir adiós a Esdras y Nehemías, en el próximo capítulo centraremos nuestra atención en El Fin, que es real y verdaderamente El Principio. Parece que nuestro viaje está a punto de terminar.

Capítulo 18

Griegos, romanos y la hora del martillo judío

A lo largo de nuestro recorrido, hemos viajado a dedo con patriarcas, sabios, profetas y sacerdotes, pero en este último capítulo, lo haremos junto a otros tipos de personas: Alejandro Magno, Antíoco IV Epífanes y Judas Macabeo. Sin duda, habrás oído hablar del primero de ellos, pero puede que los otros dos te resulten desconocidos. No te preocupes. Haremos breves presentaciones en este capítulo. En el esquema general de las cosas, tenemos poco tiempo. Dentro de pocos kilómetros, el viaje por la historia de la salvación habrá concluido. Recorramos, pues, las últimas curvas a toda velocidad y preparémonos para estacionar este automóvil en Belén, donde por fin terminará nuestro viaje.

Coge la Biblia más cercana y busca la parte donde el Antiguo Testamento acaba y el Nuevo Testamento empieza. Verás que allí no hay mucho. Un puñado de páginas. Quizás algunas tablas, o mapas. Con un movimiento del dedo índice, puedes pasar de Malaquías 4 a Mateo 1 en un par de segundos. Sin embargo, debes saber que ese «par de segundos» son en realidad más de 400 años.

Bienvenido a lo que a menudo se denomina el «período intertestamentario», es decir, el tiempo «inter» (=entre) el Antiguo y el Nuevo Testamento. Es una época fascinante de la historia. Aunque la Biblia misma no registra los giros y vuelcos históricos, otros escritos nos permiten saber lo que ocurrió durante esos cuatro siglos. Para poder comprender mejor el final de nuestra historia, y la manera en que Dios estaba preparando el escenario para el nacimiento y el ministerio de Jesús el Mesías, definiremos los principales impulsores de este período. También echaremos un vistazo a la literatura judía popular de esta época.

En primer lugar, ¿qué es lo que *no* sabemos? No sabemos mucho de lo sucedido entre los judíos durante los primeros cien años de este período, entre el 430 y el 330 a. C. aproximadamente. Basándonos en lo que podemos reconstituir, la pequeña comunidad de judíos, centrada en torno a Jerusalén, vivía en relativa paz. Cultivaban y criaban rebaños y manadas; se dedicaban al comercio; mantenían buenas relaciones con sus señores persas; y seguían esperando que Dios cumpliera sus promesas de enviar al Mesías. Así, durante más o menos un siglo, el tiempo fue pasando sin que ocurriera gran cosa.

Pero entonces llegó Alejandro. Es decir, Alejandro Magno. Este joven rey macedonio y sus fuerzas de combate comenzaron a arrasar región tras región como conquistadores invictos. A su muerte, en el 323 a. C., a la edad de treinta y tres años, Alejandro dominaba un vasto imperio que abarcaba Asia Menor, Mesopotamia y Egipto. Básicamente, todo el imperio persa, y algo más. Aunque las hazañas de Alejandro le valieron con razón el título de «Magno», lo que más nos interesa es lo que su victoria sobre Persia significó para los judíos. Se debían a un nuevo régimen; eso era evidente. Sin embargo, algo mucho más grave era que el pueblo elegido de Dios se enfrentaba a un nuevo desafío, un desafío mucho más formidable y transformador de vida que la pregunta «¿Cuál es la nueva superpotencia al mando?».

Me refiero al desafío llamado helenización, es decir, la «grieguización» de pueblos y regiones, incluidos los judíos. Y déjame decirte que la helenización tuvo un impacto profundo en el mundo.

Años atrás, cuando me dirigía a Novosibirsk (Siberia), donde trabajaría como profesor invitado por algunas semanas, hice una larga escala en Moscú. Un misionero local me mostró la ciudad. Dondequiera que íbamos, comencé a notar signos reveladores de una versión moderna de la antigua helenización: la norteamericanización. Pasamos frente a locales de comida rápida como McDonald's y New York Pizza. Por los altavoces de las tiendas oímos canciones pop de Estados Unidos. Los rusos llevaban ropa de marca estadounidense. Más tarde, mientras veía películas con mis alumnos de Siberia por la noche, me di cuenta de que todas las películas eran de Hollywood, excepto que dobladas al ruso. Por supuesto, esta norteamericanización no se limita a Rusia. Recientemente, en un viaje a Israel, nuestro guía turístico nos llevó a un café inspirado en Elvis Presley situado en la periferia de Jerusalén. Por todo el mundo, la literatura, el entretenimiento y la lengua estadounidenses impregnan otras culturas, produciendo cambios tanto grandes como pequeños.

Eso es lo que ocurrió, en los años posteriores a las conquistas de Alejandro, con la helenización. Por ejemplo, la lengua griega se extendió por todas partes. No muchas generaciones después de Alejandro, los judíos de Egipto empezaron a traducir la Biblia hebrea al griego: primero la Torá, y luego, poco a poco, el resto de los libros. Esta primera traducción de la Biblia, conocida como la Septuaginta, acabó siendo utilizada en todo el mundo antiguo por aquellos judíos cuya lengua materna era el griego. De hecho, cuando los autores del Nuevo Testamento citan o aluden al Antiguo Testamento, la influencia de la Septuaginta es evidente. Sin embargo, la helenización no se limitó únicamente a la lengua griega. Las ideas helenísticas sobre el ocio, los deportes, el cuerpo humano, la religión, la política, la literatura y otros temas impregnaron el entorno cultural, influyendo en diversas comunidades, incluida la población judía.

Mientras que algunos judíos aclamaron estas influencias griegas, otros las abuchearon. Las tensiones entre los progriegos y los antigriegos comenzaron a aumentar. Y estas tensiones alcanzaron finalmente un punto crítico, poco más de un siglo y medio después de Alejandro. Durante algún tiempo, los judíos habían estado bajo el control de los descendientes de uno de los generales de Alejandro. Estos seléucidas, como se los llamaba, vivían al norte de Jerusalén, en Siria. Uno de sus líderes, Antíoco IV Epífanes, encendió la proverbial chispa que desembocó en una ardiente revuelta en el año 167 a. C. Básicamente, Antíoco actuó como un tirano. Intentó desjudaizar a los judíos, y «grieguizarlos» a fondo, prohibiendo la circuncisión, la observancia del sábado y otras leyes bíblicas. También profanó el templo de Jerusalén ofreciendo un cerdo en el altar e hizo que sus soldados visitaran las aldeas judías para obligarlas a hacer sacrificios a deidades helenísticas. Esto, finalmente, hizo que el martillo cayera sobre Antíoco.

Dicho «martillo» fue una familia sacerdotal de judíos, dirigida primero por el patriarca, Matatías, y luego por su hijo, Judas. Aquella familia recibió el apodo de los Macabeos, que en hebreo significa «martillos». Y efectivamente martillearon. Por varios años, mediante una guerra de guerrillas y valientes ataques frontales, los macabeos dirigieron a otros soldados judíos en una revuelta victoriosa contra sus opresores sirios. En realidad, fue tanto un ataque contra los de afuera (los sirios) como contra los de adentro (los judíos prohelenistas). Con el tiempo, el templo fue recuperado, limpiado y rededicado; los judíos de hoy siguen celebrando este acontecimiento, cada diciembre, en Janucá, que significa «dedicación». Tras años de lucha, sirios y judíos llegaron a un acuerdo de paz. Luego, durante casi un siglo, el pueblo de Dios disfrutó de una independencia que no había experimentado en más de cuatrocientos años (586-165 a. C.). Si quieres leer un relato pormenorizado de este período de la historia judía, lo encontrarás en dos versiones diferentes: 1 Macabeos y 2 Macabeos, ambos escritos en este período intertestamentario. Esos libros forman parte de la literatura judía popular de la época, de la cual hablaremos en un momento.

Primero, concluyamos nuestro repaso histórico. Como ha ocurrido con muchos movimientos revolucionarios de la historia, lo que empieza bien no siempre termina bien. La independencia judía, que duró más o menos un siglo, comenzó como un levantamiento justo contra los que profanaban el templo de Dios y abrogaban sus leyes, pero con el tiempo se deterioró hasta convertirse en luchas internas infantiles y egoístas entre los dirigentes judíos. Los egos se interpusieron. Las luchas de poder condujeron al derramamiento de sangre, e incluso a la crucifixión de compatriotas judíos. Hacia el año 63 a. C., cuando Roma, la siguiente superpotencia, se presentó en Jerusalén, no encontró ninguna dificultad para poner fin al siglo de independencia judía.

Supongamos que eres un judío del siglo I, que vive en Jerusalén o sus alrededores, con conocimientos de la historia de tu nación. Sabes, por ejemplo, que tu pueblo, durante aproximadamente medio milenio, ha estado bajo toda una secuencia de potencias extranjeras: babilonios, persas, griegos, sirios, y ahora los romanos. ¿Son libres? No. ¿Son independientes? No. Básicamente, viven «exiliados» en su tierra natal. Sin embargo, a través de la Torá, los Profetas, los Salmos y los libros de Samuel y Reyes, sabes que el Señor Dios de Israel prometió enviar a un descendiente de David para reinar sobre el reino de Dios. Sabes que esta promesa se remonta a la Simiente que el Señor juró enviar para Adán y Eva. La expectación por la llegada de esta Simiente ha ido en aumento. Incluso, hace unas tres décadas, se ha susurrado su nacimiento en la ciudad natal de David. Además, junto al río Jordán, al este de Jerusalén, ha aparecido un extraño profeta, el primer profeta en siglos. Se llama Juan. Ha estado bautizando y llamando a la gente a arrepentirse, a prepararse para la llegada del Mesías. Y ahora, además de todo esto, se dice por ahí que un rabino ambulante de Galilea, Jesús de Nazaret, ha estado enseñando con autoridad y haciendo milagros —¡incluso dando la vista a los ciegos!—. ¿Podría tratarse del prometido y esperado Hijo de Dios, venido para redimir a su pueblo e inaugurar el reino divino?

Si fueras un judío del siglo I, con conocimientos bíblicos, algo de historia y una buena comprensión de la actualidad, bien podrías haber tenido esos pensamientos. Y habrían sido buenos pensamientos. De hecho, habrían dado en el clavo. Volveremos a ellos en las últimas páginas.

Para terminar este capítulo, supongamos que pudiéramos dar una vuelta por una tienda de pergaminos del siglo I en Jerusalén, tomar una taza del mejor café de Sión y echar una ojeada a las estanterías. ¿Qué encontraríamos? ¿Qué leía la gente en aquellos días? Y ¿cómo estos pergaminos influían en la población judía en general?

Encontraríamos, por ejemplo, algunos ejemplares de 1 y 2 Macabeos, que ya hemos mencionado. Son lecturas históricas apasionantes, llenas de impresionantes escenas de batallas y sangrientos martirios. En otra estantería, etiquetada como «Literatura sapiencial», podríamos desenrollar el pergamino de la Sabiduría de Salomón o la Sabiduría de Jesús ben Sirá (no confundir con Jesús de Nazaret). Aquí podríamos reflexionar sobre líneas y líneas de dichos proverbiales que contienen profundas percepciones sobre Dios y la naturaleza humana. Estos tres escritos, junto con muchos otros, se incluyen en lo que se denomina los Apócrifos.

Tras acabar allí, podríamos acercarnos a unos pergaminos que podrían denominarse «Ampliaciones del Antiguo Testamento». Los títulos de esta estantería vuelven a narrar determinadas secciones del Antiguo Testamento. A menudo añaden tradiciones o narraciones no incluidas en el original. Jubileos, por ejemplo, vuelve a contar gran parte de la historia recogida en Génesis y Éxodo, pero con ciertas partes abreviadas y otras ampliadas. En estas mismas estanterías habría partes selectas de la traducción griega del Antiguo Testamento, la Septuaginta, que contiene secciones adicionales en Daniel y Ester.

Al deambular un poco más por esta tienda de pergaminos de Jerusalén, verás que hay una amplia gama de literatura popular judía. Hay muchos pergaminos de un género denominado «Testamentos», como el Testamento de los doce patriarcas. En otra sección, encontrarás rollos y rollos de literatura apocalíptica (¿recuerdas que mencionamos ese tipo de escritura al hablar de Daniel?). Entre esos rollos destaca 1 Enoc, libro conocido por los primeros cristianos y citado incluso por Judas, uno de los autores del Nuevo Testamento. ¿Te gusta la filosofía —y en especial la filosofía con acento bíblico—? Acércate. En otra estantería están las numerosas obras de Filón, un filósofo judío que vivió en Egipto más o menos en el mismo período en que Jesús vivió y enseñó en Judea. Podríamos pasar toda la tarde en esta tienda de pergaminos de Jerusalén, examinando manuscritos de salmos e himnos, aventuras y teología, apocalipsis y relatos similares a los bíblicos.

¿Qué nos revelan todos estos manuscritos? Los pensamientos, creencias, temores, esperanzas, tradiciones, canciones y prácticas del pueblo en el que nació Jesús. Eso es lo que nos muestran. Aun la forma en que la Biblia fue traducida al griego es una ventana a la mente judía. Por tanto, tal como conocer la historia de la salvación del Antiguo Testamento es absolutamente necesario para comprender cómo se cumplió en Jesús, conocer la historia inmediatamente anterior a su nacimiento, así como la literatura popular de su época, es útil para comprender el impacto que él produjo en sus contemporáneos y la forma en que escucharon su mensaje.

Esa última frase es la razón por la que este capítulo es importante. Durante los 400 años que precedieron al nacimiento de Jesús, nuestro Padre estuvo preparando a su pueblo para la llegada del Salvador. Preparó el escenario mundial. Orquestó los acontecimientos. Se aseguró de que todo estuviera en su sitio. Incluso se aseguró de que el Antiguo Testamento se tradujera al griego. Y de ese modo, cuando el Nuevo Testamento fue escrito en ese idioma, los autores pudieron citar fácilmente una versión con la que muchos de sus oyentes, si no la mayoría, ya estaban familiarizados.

Y bien, aquí estamos. A dieciocho capítulos del inicio de esta historia. Tómate un momento para recuperar el aliento. Prepárate. Saca el pulgar. Tenemos un último y corto viaje que hacer. Y el conductor que se acerca… bueno, resulta que es el que hemos estado esperando todo el tiempo.

Epílogo

La ventanilla desciende mientras el polvo de los neumáticos que acaban de llegar se asienta a nuestro alrededor. El motor zumba suavemente. El sol está alto en el cielo de Judea. Nos agachamos y miramos. Allí, en el asiento del conductor, se encuentra él: el Hombre. «Suban», dice, con una voz que nos resulta desconocida y familiar a la vez. Así que subimos, sin saber si mirar hacia delante o contemplar su rostro con asombro. Echando un vistazo hacia el volante, bajo sus mangas ligeramente recogidas, vemos sus manos. Y sí, ahí están: una cicatriz en la muñeca derecha y otra en la izquierda. Esas heridas no pasan desapercibidas. Sabemos con quién viajamos. El vehículo comienza suavemente a avanzar, cambiando de marchas con facilidad, mientras el paisaje se despliega ante nosotros. Y entonces comienza: «Tengo entendido que me estaban esperando...».

Y efectivamente así es. Aquí estamos, al final, sabiendo que en realidad esto es solo el principio. Tardó mucho en llegar, esta Simiente de Eva, Simiente de Abraham,

Simiente de David, que apareció en nuestro mundo oscuro y desamparado como la Simiente de María. Pero Dios nunca tiene prisa. Al igual que Aslan, en las Crónicas de Narnia, Jesús «se refiere a todos los tiempos como pronto». ¿Mañana? Pronto. ¿Dentro de diez mil años? Pronto. Todo es pronto para Aquel que es el mismo ayer, hoy y siempre.

En el *ayer* de Génesis a Malaquías, él era el mismo. El Hijo de Dios, con el Padre y el Espíritu Santo, hizo una promesa que cumpliría. De maneras grandes y pequeñas, por medio de señales y prodigios y profecías, fue poniendo todo en su sitio. Eligiendo un pueblo. Estableciendo un linaje de reyes. Llamando profetas. Haciendo componer salmos. Para cuando el Hijo de Dios estuvo listo para convertirse también en el Hijo de María, el pueblo de Israel sabía más que suficiente para reconocerlo. El patrón básico, en blanco y negro, de su identidad y su obra, estaba claramente esbozado en las páginas del Antiguo Testamento. Solo faltaba que él apareciera a todo color.

Y eso hizo, en el *hoy* del Nuevo Testamento. Ya no era solo el hacedor de promesas; ahora también era el cumplidor de promesas. Era, de hecho, la promesa de Dios *en carne y hueso*. En Jesús, el cielo se casó con la tierra; Dios se hizo hombre sin dejar de ser Dios. Ya has hecho muchos recorridos por el Antiguo Testamento; espero que ahora hagas lo mismo con el Nuevo Testamento. Viaja con Mateo, Marcos, Lucas y Juan mientras, cada uno a su manera, te hablan de nuestro Señor. Siéntate junto al apóstol Pablo mientras desgrana todas las implicaciones de Jesús y su salvación para nosotros. Disfruta de unos breves kilómetros con Pedro, Santiago y Judas. Y luego, cuando estés preparado para un viaje realmente extraño y hermoso, súbete al automóvil con Juan mientras te lleva por el caleidoscópico terreno del Apocalipsis.

En el *ayer* del Antiguo Testamento y el *hoy* del Nuevo Testamento, conocerás al Señor Jesucristo, que *para siempre* te ama de manera apasionada, intensa y devota. ¡Imagínalo! El Dios de toda la creación, que ha existido a través de todos los tiempos —en realidad, desde antes del tiempo—, te conoce, te llama y te ama. No hay milagro más asombroso que ese. Desde toda la eternidad, él planeó crearte. Y también se aseguró de pagar por cada mal que hubieras hecho, como asimismo por cada acto justo que hubieras omitido realizar, con su muerte en la cruz. Pero su muerte no fue el final. Al tercer día, salió de la tumba, plenamente vivo otra vez, con un cuerpo físicamente glorioso, para demostrar que la muerte no venció. La muerte perdió. El pecado perdió. Satanás perdió. Jesús triunfó. Y triunfó por ti.

Así que súbete con Jesús. Avancemos. Él es quien realmente nos llevará a casa.

Índice general

Índice de textos bíblicos